PREDIQUE
POR UN
AÑO #4

PREDIQUE
POR UN
AÑO #4

104 bosquejos de sermones
Dos bosquejos completos para cada domingo del año

Roger Campbell

EDITORIAL PORTAVOZ

Traducción: José Luis Martínez
Diseño de la portada: Don Ellens

EDITORIAL PORTAVOZ
P.O. Box 2607
Grand Rapids, Michigan 49501 USA

Visítenos en: www.portavoz.com

ISBN 0-8254-1117-3

1 2 3 4 5 edición / año 04 03 02 01 00

Impreso en los Estados Unidos de América
Printed in the United States of America

DEDICADO

al pastor Wayne Otte
quien fue el primero en animarme a que pusiera
mis bosquejos de sermones a disposición de otros.

ÍNDICE

INTRODUCCIÓN

Gracias por abrir este cuarto tomo de *Predique por un año*. Este no es un libro sobre técnicas de la predicación sino una invitación para entrar en mi despacho y unirnos en la preparación para predicar. Su habilidad para desarrollar estos bosquejos, gestados en estudio y oración, en sermones completos puede ser muy superior a la mía. Su elocuencia al predicarlos puede llevar estas ayudas para la predicación a alturas de eficacia que nunca antes alcanzaron.

¡A Dios sea la gloria!

Un predicador, que había estado usando uno de los otros libros de *Predique por un año,* me llamó para agradecerme mi parte en la alimentación de su congregación durante el último año. Si este cuarto tomo de Prediquemos por un año le es de utilidad para nutrir y formar las ovejas que Dios le ha confiado, yo me sentiré muy agradecido.

Estos bosquejos son expositivos. Leonard Ravenhill escribió: "Hermanos ministros, no permitamos que las almas enfermas por el pecado, con mentes cargadas y espíritus maltratados se alejen vacías de nuestros mensajes porque, cuando buscan remedios espirituales, nosotros solo les ofrecemos otro diagnóstico deprimente de la crisis de nuestro tiempo". Pablo dijo: "Que prediques la palabra" (2 Ti. 4:2).

Los bosquejos no son eficaces si no van acompañados de una predicación profundamente sentida. Richard Baxter instaba siempre a los predicadores a que se dirigieran a menudo a los corazones necesitados, lo cual, decía él, les asegurará siempre un buen número de oyentes. Su meta era la de predicar como si nunca fuera a predicar otra vez y como un hombre moribundo a personas moribundas.

Estos bosquejos fueron desarrollados en oración con el propósito de llevar las personas a Cristo y edificarlas en la fe. Fueron probados en el púlpito y tienen el potencial de ser de gran utilidad y bendición cuando el predicador comunica el mensaje de Dios por medio de sus dones espirituales a la congregación.

ROGER CAMPBEL

NUESTRO ETERNO DIOS

Génesis 1:1-3

I. Introducción
    A. *El enfoque del día de Año Nuevo*
        1. El pasado ya pasó.
        2. Tenemos un nuevo comienzo.
    B. *El verdadero comienzo*
        1. La creación del universo.
        2. El comienzo de todo lo que vemos y conocemos.
    C. *Aprendamos acerca de nuestro Creador*

II. Cuerpo
    A. *Dios existía antes de la creación (v. 1)*
        1. El sentido común demanda algo o alguien eterno.
           a. ¿Debemos siempre preguntar: "Qué había antes de eso"?
           b. No, Dios siempre ha estado allí.
              (1) Algunos buscan un limbo eterno.
              (2) Nosotros buscamos al Dios eterno.
        2. Dios es eterno (Dt. 33:27; Is. 43:10).
           a. Busquemos por todo lo que siempre estuvo antes y Dios estaba allí (Sal. 90:2).
           b. Busquemos por todo lo que está por delante y Dios está allí (Ap. 22:5).
        3. Esta es la razón por la que Dios puede ofrecer vida eterna (Jn. 3:16; 5:24).
    B. *Dios es diferente y está separado de su creación (v. 1)*
        1. El comienzo majestuoso de la Biblia.
           a. Rechaza el ateísmo: Dios existe.
           b. Rechaza al panteísmo: Dios estaba presente antes de su creación.
        2. Todas las cosas fueron diseñadas por Él y para su gloria.
           a. Los cielos declaran su gloria (Sal. 19:1).
           b. Las flores demuestran su providencia (Mt. 6:28-30).
           c. Los mares le obedecen (Mr. 4:39).
        3. La creación hace que todos los hombres sean sin excusa.
           a. Habla de su presencia por todas partes (Sal. 19:3).
           b. Habla de su eterno poder y divinidad (Ro. 1:20).
           c. Todos somos responsables ante nuestro gran Creador.
    C. *El plan de Dios para su creación (vv. 2 y 3)*
        1. No dejó a la creación en el caos (sin forma y vacía).

2. El Espíritu Santo obró para darle orden y utilidad.
   a. Eso también lo hace en nuestra vida.
   b. La fe en Cristo produce el nuevo nacimiento (Jn. 3:3, 5).
   c. La nueva vida reemplaza a la antigua (2 Co. 5:17).
3. La luz en vez de las tinieblas.
   a. "Sea la luz".
   b. Nuestro Señor es la luz del mundo (Jn. 8:12).
   c. La Palabra de Dios es una lámpara a nuestros pies (Sal. 119:105).
   d. Dios es luz para nuestra vida (Sal. 27:1).

III. Conclusión

A. *Vida eterna de parte de nuestro eterno Dios*
   1. Escapamos a las limitaciones del tiempo.
   2. Aquí nuestros días están contados (Sal. 90:10).
   3. Los sabios se preparan para la eternidad (Sal. 90:12).
B. *Reciba a Cristo por fe para prepararse para la eternidad*
   1. Nada nos puede separar de su amor (Ro. 8:38, 39).
   2. Confiar en Cristo nos garantiza la vida eterna (1 Jn. 5:13).

LA GRAN CARRERA ANUAL

1 Corintios 9:27; Filipenses 3:13, 14; Hebreos 12:1, 2

I. Introducción

A. *La Biblia compara la vida cristiana a una carrera*
  1. Cada año corremos otra etapa del camino.
  2. Cada año nos lleva más cerca de la meta.
B. *Todos los corredores anhelan correr*
C. *¿Qué necesitamos para ganar la carrera?*

II. Cuerpo

A. *Necesitamos disciplina (1 Co. 9: 24-27)*
  1. Los astronautas tienen que tener madera para la tarea.
    a. Son seleccionados cuidadosamente.
    b. Pasan por un entrenamiento riguroso.
    c. Llegan a ser personas muy disciplinadas.
  2. Los creyentes deben ser también disciplinados.
    a. Disciplinados en la vida devocional.
    b. Disciplinados en lo que pensamos.
    c. Disciplinados en lo que decimos.
    d. Disciplinados en nuestra conducta moral.
  3. Debemos tener dominio propio.
    a. "De todo se abstiene" (1 Co. 9:25).
    b. Esto proviene del Espíritu Santo (Gá. 5:21, 22).
  4. Debemos ser dirigidos por el Espíritu, no por la carne.
B. *Necesitamos dirección (Fil. 3:13, 14)*
  1. No podemos ganar mirando atrás.
    a. "Olvidando ciertamente lo que queda atrás".
    b. No dejemos que el pasado nos esclavice.
    c. Olvidemos los viejos males y heridas sufridas.
  2. "Extendiéndome a lo que está delante".
    a. Aprovechemos las oportunidades para servir a Cristo.
    b. Esforcémonos por correr con sentido de anticipación.
    c. Aceptemos con buen ánimo todos los retos espirituales.
  3. "Prosigo a la meta".
    a. Usemos bien el tiempo que tenemos para servir.
    b. Vivamos siempre para la gloria de Dios.
    c. Esperemos siempre el regreso del Señor.
  4. Vivamos teniendo en mente el galardón (el premio).
  5. Recibiremos la recompensa al estar en su presencia (Ap. 22:12).

C. *Debemos estar vestidos correctamente para la carrera*
   (He. 12:1, 2)
   1. "Despojémonos de todo peso".
      a. Los corredores llevan ropa ligera.
      b. Nos llevan peso extra que los estorbe en la carrera.
   2. ¿Qué pesos le han estado estorbando su progreso?
      a. ¿Se ha visto dificultado con preocupaciones?
      b. ¿Ha estado poco dispuesto a perdonar?
      c. ¿Se ha visto agobiado por el negativismo?
      d. ¿Se ha visto frenado por los temores?
   3. Los ganadores dejan a un lado todo peso que les merma
      las energías.

III. Conclusión
   A. *¿Cómo le va en la gran carrera anual?*
   B. *Los premios para los ganadores hará que todo esfuerzo*
      merezca la pena.
   C. *Todo habrá merecido la pena cuando veamos a Cristo*

CUANDO LA COMUNIDAD DE CREYENTES AGRADA A DIOS

1 Corintios 12:11-26

I. Introducción

A. *Nombres para el cuerpo colectivo de los creyentes*
   1. La iglesia (Hch. 2:47).
   2. La esposa de Cristo (Ef. 5:30-32).
   3. El templo de Dios (Ef. 2:20-22).
   4. El cuerpo de Cristo (Ef. 5:30).

B. *Las actitudes correctas en el cuerpo de Cristo agradan a Dios*

C. *¿Cuáles son estas actitudes correctas?*

II. Cuerpo

A. *Hay individualidad en el cuerpo (vv. 11-17)*
   1. Lo que tenemos en común:
      a. Todos fuimos bautizados por un solo Espíritu.
      b. Todos bautizados en un cuerpo.
      c. Todos bebimos de un mismo Espíritu.
   2. Lo que tenemos como individuos.
      a. Retenemos nuestro propio temperamento.
      b. Retenemos nuestra propia personalidad.
      c. No somos ladrillos sino piedras vivas (1 P. 2:4).
   3. La iglesia en Corinto descuidó esta verdad (1 Co. 3).
      a. No deberíamos soñar con ser otra persona.
      b. Deberíamos aceptarnos tal como somos.

B. *No hay miembros inferiores en el cuerpo (vv. 18-22)*
   1. Un versículo puente para confortarnos (v. 18).
      a. Dios nos ha puesto en el cuerpo.
      b. Nos da dones conforme a su voluntad y propósito.
   2. Debemos aceptarnos a nosotros mismos y a otros.
   3. Nos necesitamos los unos a los otros.
      a. Todos no somos iguales.
      b. Nos complementamos unos a otros.
      c. Al servir juntos agradamos al Señor.
   4. Los miembros débiles son también necesarios (vv. 22-24).
      a. Nadie debe ser menospreciado.
      b. Hay honra suficiente para todos.

C. *Debe haber comunión profunda en el cuerpo (vv. 25, 26)*
   1. "No haya desavenencia [división] en el cuerpo".
   2. Debemos cuidarnos unos a otros.
   3. Debemos amarnos unos a otros.
   4. Debemos responder cuando otros miembros sufren.

5. Debemos gozarnos cuando otros miembros son honrados.
6. No debemos estar divididos sino ser de un mismo sentir (Hch. 2:1).

III. Conclusión

A. *¿Qué ocurre cuando funcionamos como un cuerpo?*
1. Pensemos en la iglesia del primer siglo.
2. Miles se convirtieron y muchas iglesias fueron establecidas.

B. *¿Podría suceder esto hoy?*

C. *¿Por qué no?*

D. *¿Por qué no aquí?*

E. *¿Por qué no ahora?*

TENGAMOS ARMONÍA EN LA IGLESIA

Filipenses 2:1-8

I. Introducción

   A. *Los creyentes eran de un mismo sentir*

      1. Oraban con gran fe (Hch. 1:14).

      2. Predicaban con gran poder (Hch. 2:1).

      3. Disfrutaban de un gran compañerismo (Hch. 2:41-46).

      4. Experimentaron un gran crecimiento (Hch. 2:47).

   B. *Pablo alienta a la iglesia filipense a que sea de un mismo sentir*

      1. Si hay alguna consolación en Cristo.

      2. Si algún consuelo de amor.

      3. Si alguna comunión del Espíritu.

      4. Si algún afecto entrañable y misericordia.

   C. *Cómo tener armonía en la iglesia*

II. Cuerpo

   A. *Nada hagamos por contienda o por vanagloria (v. 3)*

      1. Terminar con las contiendas (rivalidad y egoísmo) da nueva vida a la iglesia.

      2. La contienda tiene malas compañías.

         a. Aparece junto con la envidia, las disensiones y la carnalidad (1 Co. 3:3).

         b. Se menciona junto con las obras de la carne (Gá. 5:19-21).

         c. Procede de Satanás (Stg. 3:14-16).

      3. El servicio que glorifica al siervo no vale nada.

      4. Toda actividad en la iglesia debería glorificar a Dios (Col. 3:23).

   B. *Consideremos a los demás como superiores a nosotros mismos (v. 3)*

      1. Tenemos aquí una dimensión diferente de la estima propia.

         a. Este es el mejor estímulo para un amor propio correcto.

         b. Pablo nos llama a tener un alto concepto de los demás.

      2. El aprecio por los demás surge del amor.

         a. El amor nos capacita para olvidar las faltas de otros.

         b. Cuando edificamos sobre las fallas (geológicas) debemos esperar un terremoto.

         c. El amor nos habilita para ver lo mejor en los demás.

      3. Esta estima nos lleva a interesarnos por las necesidades de los demás (v. 4).

         a. Nuestra preocupación por ellos es superior a la de por nosotros mismos.

      b. Queremos protegerlos a ellos y a lo que es valioso para ellos.

C. *Haya en vosotros este sentir que hubo también en Cristo Jesús (v. 5)*

    1. Esta es la clave para prestar atención al llamamiento de Pablo.

      a. Para eliminar la contienda y la vanagloria.

      b. Para considerar a otros mejores que nosotros mismos.

      c. Para cuidar más por las cosas de otros que por las nuestras.

    2. La mente (la actitud) de Cristo conquista la carnalidad.

      a. Nos hace humildes en vez de odiosos.

      b. Nos lleva a dar en vez de codiciar.

      c. Nos hace generosos en vez de egoístas.

    3. Aprendemos acerca de la mente de Cristo en la cruz.

      a. Dejó a un lado su gloria; ¿cómo podemos buscar nuestra propia gloria?

      b. Se humilló a sí mismo; ¿cómo podemos ser orgullosos?

      c. Se hizo siervo de todos; ¿cómo podemos nosotros codiciar elevadas posiciones?

      d. Fue obediente hasta la muerte; ¿cómo podemos nosotros hacer menos?

III. Conclusión

    A. *La exaltación sigue a la humildad (vv. 9 y 10)*

    B. *Una iglesia humilde y amorosa será una iglesia unida*

    C. *Una iglesia unida será eficaz en su ministerio*

NO SE ESCONDA DE DIOS

Génesis 3:8

I. Introducción

A. *Este es uno de los capítulos más básicos de la Biblia*
1. Registra la tentación y la caída (vv. 1-6).
2. Promete la redención (v. 15).

B. *Dios caminaba en el huerto en el fresco del día*
1. Es el momento para la dulce comunión con Dios.
2. Adán y Eva se habían ido a esconder.

C. *Las personas todavía se esconden de Dios*

II. Cuerpo

A. *Algunos se esconden de Dios cuando Él anda investigando*
1. "¿Dónde estás tú?"
2. Dios está siempre buscando a los pecadores.
   a. Jesús vino a buscar y a salvar a los pecadores
      (Lc. 19:10).
   b. La convicción de pecado es evidencia de que Dios está
      buscando.
   c. Dios hablándonos por medio de su Palabra muestra que
      está buscando.
   d. A veces Dios busca por medio de las pruebas.
   e. Otras veces busca por medio de los predicadores.
   f. Otras veces lo hace por medio de amigos que se interesan.
3. El ocultarse de Dios es inútil (Sal. 139).
   a. No hay lugar para ocultarnos de Él.
   b. Incluso las tinieblas no nos puede esconder de Él
      (vv. 11, 12).

B. *Algunos se ocultan de Dios en el momento de la invitación*
1. "Y no queréis venir a mí para que tengáis vida" (Jn. 5:40).
2. Este intento de esconderse es el más difícil de comprender.
3. La invitación del Señor es para todos.
   a. La profunda verdad de Juan 3:16.
   b. La compasión de la cruz.
4. La amorosa invitación de Cristo.
   a. "Venid a mí todos" (Mt. 11:28).
   b. La última invitación de la Biblia: "Ven" (Ap. 22:17).
5. Adán y Eva se esconden entre los árboles.
6. Árboles tras los cuales se esconden las personas hoy.
   a. Estoy muy ocupado, hipocresía en la iglesia, otras
      excusas.
   b. Nada cambia (Lc. 14:16-24).

C. *Algunos querrán ocultarse de Dios en el día de su ira*
   (Ap. 6:16)
   1. La ira del Cordero.
      a. ¡Qué extraño: un Cordero enojado!
      b. El Cordero que murió en la cruz.
   2. Jesucristo es el Cordero.
      a. Vino para quitar el pecado del mundo.
      b. Vino para librarnos de la ira de Dios (Jn. 3:36).
   3. La identificación de los que tratan de ocultarse.
      a. Los reyes de la tierra (la posición no cambia las cosas).
      b. Los grandes, ricos, capitanes, poderosos (el poder no
         protege).
      c. Todos los que son libres o esclavos (la riqueza no
         salva).

III. Conclusión
   A. *La seguridad viene al escondernos en Cristo*
      1. Escondidos con Cristo en Dios (Col. 3:1-3).
      2. No podemos escondernos de Él, pero podemos escondernos
         en Él.
   B. *Responda al llamamiento de Dios y deje de tratar de ocultarse*
   C. *Acuda a Él y estará seguro*

¿QUÉ ES LO QUE HAS HECHO?

Génesis 3:13

I. Introducción
    A. *Es la primera pregunta que Dios hizo a una mujer*
        1. Despúes de haber comido del fruto prohibido.
        2. Despúes de haberlo compartido con su marido.
    B. *Consideremos la penetrante pregunta de Dios a Eva*

II. Cuerpo
    A. *Una pregunta acerca del asunto más serio de la vida*
        1. El asunto es el pecado.
        2. La advertencia original de Dios: la muerte.
            a. Vino cuando se hallaban en un ambiente perfecto.
            b. Vino cuando gozaban de una comunión perfecta.
            c. Todo lo demás en el huerto era para ellos.
        3. Testimonios de hoy sobre la verdad de la advertencia divina.
            a. Cada sirena de ambulancia y cada hospital.
            b. Cada funeral y cada cementerio.
            c. Cada señal de la vejez que avanza.
            d. Cada crimen y acto de violencia.
        4. Eva necesitaba conocer la seriedad de su acción.
        5. La pregunta de Dios nos ayuda a comprender.
    B. *Es una pregunta que nos lleva al arrepentimiento*
        1. "¿Qué es lo que has hecho?"
            a. Es una pregunta específica.
            b. Es una pregunta seria.
            c. Es una pregunta severa.
            d. Es una pregunta que demanda investigación personal.
        2. Las preguntas de Dios no son para condenar sino para convencer.
        3. La convicción de pecado lleva al arrepentimiento.
            a. El arrepentimiento comienza con la conciencia de pecado.
            b. El arrepentimiento es un cambio en la actitud hacia el pecado.
        4. ¿Cómo contestaría a la pregunta de Dios a Eva?
            a. ¿Qué es lo que ha hecho usted?
            b. ¿Qué es lo que produce convicción en su corazón?
            c. ¿Qué es lo que necesita para confesar y renunciar?
        5. Vuélvase de sus pecados a Cristo.
        6. El Señor no quiere que ninguno perezca (2 P. 3:9).

C. *Es una pregunta que precede a la promesa de redención*
  1. Herirá a la serpiente en la cabeza (v. 15).
    a. Esta es la primera promesa de redención.
    b. Cristo hirió a la serpiente en la cabeza en la cruz.
    c. La redención fue hecha posible para usted y para mí.
  2. Como Eva, todos nosotros somos pecadores (Ro. 3:23).
    a. Todos hemos hecho cosas que lamentamos.
    b. Todos hemos quebrantado la ley de Dios.
    c. Ninguno de nosotros es justo.
  3. Dios ofrece perdón y vida eterna a los pecadores.
  4. No importa lo que haya hecho, Dios le ama.
    a. Lleve sus pecados a Cristo.
    b. Ponga su fe en Él (Ro. 5:1).
    c. Su gracia es suficiente para salvar.

III. Conclusión
  A. *Escuche la pregunta de Dios de nuevo: "¿Qué es lo que has hecho?"*
  B. *Responda a la amorosa invitación de Dios y nazca de nuevo (Jn. 3:16)*

GEMIMOS AHORA... LA GLORIA VENDRÁ DESPUÉS

Romanos 8:18

I. Introducción

A. *Las riquezas de Romanos 8*
1. Es un capítulo de esperanza, consolación, fortaleza, anticipación.
2. Comienza con dos fantásticas palabras: "Ninguna condenación".

B. *Cosas buenas para los que no están condenados*
1. Son hijos de Dios (vv. 14, 15).
2. Son coherederos con Cristo (v. 17).
3. Serán glorificados con Cristo (v. 19).
4. Todas las cosas ayudan a bien (v. 28).
5. El plan de Dios es hacerlos semejantes a Cristo (v. 29).
6. Nunca pueden ser separados del amor de Dios (vv. 38, 39).

C. *Una promesa especial para los creyentes que sufren*

II. Cuerpo

A. *Hay sufrimiento ahora*
1. Todos experimentamos cierto grado de sufrimiento.
2. Todo hospital declara: *"Hay sufrimiento ahora"*.
3. Toda sirena de ambulancia añade su sonido en la noche.
4. Hay sufrimiento físico y emocional.
   a. Parte del sufrimiento nos viene por causa de otros.
   b. Otra parte nos viene por nuestra causa.
5. Pablo supo qué era sufrir.
   a. Había pasado hambre.
   b. Había estado en tormentas y naufragios.
   c. Había sido azotado y apedreado por su fe.
   d. Sufrió de "una espina en la carne".
6. Los sufrimientos de Cristo por todos nosotros.

B. *La gloria vendrá después*
1. Lo mejor está por venir.
2. "Voy, pues, a preparar lugar para vosotros" (Jn. 14:1-3).
3. "Partir y estar con Cristo... es muchísimo mejor" (Fil. 1:21-23).
4. Algunas cosas acerca del cielo:
   a. Es un lugar de música (Ap. 5:9).
   b. Es un lugar de alabanza (Ap. 7:9-12).
   c. Es un lugar de servicio (Ap. 7:13-15).
   d. Es un lugar de consuelo (Ap. 7:16, 17).
   e. Es un lugar de descanso (Ap. 14:13).

      f. Es un lugar de regocijo (Ap. 19:7).

      g. No habrá enfermedad, dolor ni muerte (Ap. 21:1-6).

  C. *La aflicción de ahora no se puede comparar con la gloria venidera*

    1. El arrebatamiento (rapto) de la iglesia va a tener lugar (1 Ts. 4:13-18).

    2. Las recompensas nos esperan (Ap. 22:12).

    3. El reino de Dios se implantará definitivamente (Ap. 19).

    4. El sufrimiento terrenal es solo por un tiempo.

    5. La gloria es por toda la eternidad.

III. Conclusión

  A. *¿Está usted sufriendo ahora?*

  B. *¿Podría ser que su sufrimiento tuviera el propósito de llevarlo a Cristo?*

  C. *Cristo estará con usted en su sufrimiento*

  D. *Recíbalo por la fe y tendrá la seguridad de la gloria después*

LA PAGA Y OTROS BENEFICIOS DEL PREDICADOR

1 Corintios 9:1-18

I. Introducción

A. *El dinero es siempre un tema delicado*
   1. Esto es especialmente cierto en la iglesia.
   2. Algunos creen que nunca debería mencionarse el dinero.
   3. Pablo enseñó a los creyentes acerca del dinero.
      a. Dar regular y sistemáticamente (1 Co. 16:2).
      b. Dar como el Señor ha dado (1 Co. 16:2).
      c. Dar con alegría (2 Co. 9:7).
      d. Proveer para las necesidades del pastor (1 Co. 9).

B. *¿Por qué debe ser pagado el pastor?*

II. Cuerpo

A. *Las bases bíblicas para el salario del pastor (vv. 1-14)*
   1. Preguntas lógicas acerca de la paga del ministro.
      a. ¿No tenemos derecho a dejar de trabajar en lo secular? (v. 6, NVI).
      b. ¿Qué soldado va a la guerra y paga sus propios gastos? (v. 7).
      c. ¿Quién planta una viña y no come de su fruto? (v. 7).
      d. ¿Quién apacienta el rebaño y no toma de su leche? (v. 7).
   2. Lecciones de la ley sobre la paga del pastor.
      a. No pondrás bozal al buey que trilla (v. 9).
      b. Los que aran esperan una cosecha (v. 10).
      c. Los que trillan esperan participar en el fruto (v. 10).
      d. Los que trabajan en el templo reciben parte de las ofrendas (v. 13).
   3. Sembrar lo espiritual debe llevar a segar lo material (v. 11).
   4. Los que predican el evangelio tienen derecho a ser pagados por ello (v. 14).

B. *La paga del predicador no debería nunca afectar su predicación (vv. 12-16)*
   1. Pablo y sus asociados a menudo sirvieron sin paga.
      a. Merecían la paga, pero no la recibieron.
      b. Eso no les frenó en seguir predicando.
   2. No permitieron que nada "obstaculizara" al evangelio.
      a. Los donantes ricos no fueron favorecidos.
      b. Los temas de los sermones no quedaron afectados.
      c. El mensaje del evangelio no quedó comprometido.
      d. Pagados o no pagados siguieron predicando el evangelio.

   3. La voluntad de Dios debe llevarse a cabo independiente-
      mente de la paga.
      a. El dinero no debe influenciar al predicador.
      b. Dios provee para sus siervos.
C. *El predicador nunca perderá su paga (vv. 17-19)*
   1. Las recompensas le esperan al siervo fiel del evangelio.
      a. Incluso si no hay paga aquí.
      b. Dios recompensará a sus siervos.
   2. El plan de Dios es que sus siervos sean pagados.
      a. Si no son pagados ahora, Él los recompensará.
      b. Los sostendrá ahora y los recompensará después.
   3. Las recompensas que Pablo anticipaba.
      a. La corona de gloria (sus convertidos) (1 Ts. 2:19).
      b. La corona de justicia (2 Ti. 4:8).
   4. El "buen siervo y fiel" de nuestro Señor será una recom-
      pensa suficiente.

III. Conclusión
   A. *El plan de Dios es que la iglesia pague a su pastor*
      1. Al hacerlo así ellos participan en sus recompensas.
      2. De esa manera le liberan para un servicio más grande.
   B. *Los pastores deben predicar el evangelio*
      1. Lo ideal es que lo hagan con el apoyo de las iglesias.
      2. Si no es así deben vivir confiando en que el Señor proveerá.

YO SOY EL PAN DE VIDA

I. Introducción
  A. *Introducción a la serie "Yo soy"*
1. Moisés y la revelación de "YO SOY" (Éx. 3:14).
2. Jesús dejó sorprendidos a sus oyentes:
    a. "Antes que Abraham fuese, yo soy" (Jn. 8:58).
    b. Sus enemigos quisieron apedrearlo.
  B. *Las ocho declaraciones "Yo soy" de Cristo*
1. Siete las encontramos en el Evangelio de Juan.
2. Una la hallamos en el libro de Apocalipsis.
  C. *La primera declaración de "Yo soy": Yo soy el pan de vida*
1. ¿Qué significa esta declaración?
2. ¿Cómo se aplica a nosotros hoy?

II. Cuerpo
  A. *Jesucristo es la fuente de la vida*
1. "Todas las cosas por él fueron hechas" (Jn. 1:3).
    a. Toda la vida animal y vegetal.
    b. Toda la vida humana (Gn. 1:26-31).
    c. "En él estaba la vida" (Jn. 1:4).
2. El gran respeto por la vida que encontramos en la Biblia.
3. Hoy nos hemos apartado de esa posición.
    a. El aborto: terminar la vida antes del tiempo del nacimiento establecido por Dios.
    b. La eutanasia: terminar la vida antes del tiempo de la muerte establecido por Dios.
4. La vida es un don de Dios y debe ser sagrada.
  B. *Jesucristo es el sustentador de la vida*
1. El pan (alimento) es vital para el sustento de la vida.
    a. Nadie es tan fuerte como para vivir mucho tiempo sin alimento.
    b. Cuando el alimento se acaba la vida termina pronto.
    c. Los que sufren de anorexia mueren porque rehusan comer.
2. Dios provee de alimento para la vida.
    a. Le dio a Israel el maná en el desierto.
    b. Elías recibió alimento de una viuda durante una hambruna.
3. Jesucristo da y sostiene la vida eterna.
    a. Nació en Belén, que significa "casa de pan" (Mi. 5:2).

b. El pan de la comunión significa su cuerpo partido (1 Co. 11:24).
4. Cómo recibir este pan de vida.
   a. "El que a mí viene".
   b. Todos los que acuden a Él reciben salvación.
C. *Jesucristo nos da satisfacción en la vida*
   1. "Nunca tendrá hambre".
   2. Cristo satisface todos los deseos internos.
      a. Todos los demás recursos fallan en satisfacernos.
      b. La riqueza, la fama, el éxito todo falla.
   3. Jesús también satisface la sed interna (no tendrá sed jamás).
      a. La sed interna lleva a algunos al alcohol y las drogas.
      b. La sed interna empuja a otros a la codicia y la lujuria.
      c. Nada de esto satisface.
   4. La verdadera satisfacción solo la encontramos en Cristo.

III. Conclusión
A. *"Viene" y "cree"*
   1. Es fácil de entender.
   2. No las ceremonias religiosas complicadas.
B. *Venga a Cristo y reciba la vida*

YO SOY LA LUZ DEL MUNDO

Serie "Yo soy"   *Juan 8:1-12*

I. Introducción
   A. *La serie "Yo soy"*
      1. Jesucristo se da a conocer como el eterno Hijo de Dios.
      2. Las declaraciones "Yo soy" nos ayudan a entenderle.
   B. *La luz del mundo*
      1. ¿Qué significa esta declaración de "Yo soy"?
      2. ¿Cómo se relaciona con usted y conmigo?

II. Cuerpo
   A. *La luz nos hace conscientes de nuestra necesidad (vv. 1-9)*
      1. El "entonces" (v. 11) se refiere a la experiencia previa.
      2. La mujer sorprendida en adulterio.
      3. Todos los ojos centrados en la mujer culpable.
      4. Los fariseos intentaban atrapar a Jesús entre la ley y la gracia.
         a. Él dijo que había venido a cumplir la ley.
         b. Era también el amigo de los pecadores.
         c. La ley demandaba la muerte de los adúlteros.
         d. ¿Qué haría Jesús?
      5. Jesús se inclinó y escribió en la tierra.
         a. La ley había sido escrita en piedra por Moisés.
         b. Quizá Él escribió los Mandamientos en la tierra.
         c. La ley nos lleva a todos a enfrentar nuestro pecado.
      6. Los fariseos quedaron ahora conscientes de sus pecados.
         a. "Sea el primero en arrojar la piedra contra ella".
         b. Al ser expuestos a la luz todos ellos se marcharon.
   B. *La luz trae esperanza a los que no la tienen (v. 10)*
      1. La mujer era culpable, sin esperanza.
      2. Ahora tendría esperanza, perdón.
         a. "¿Dónde están los que te acusaban?"
         b. "Ni yo te condeno".
      3. Luz para todos los que están en tinieblas.
         a. Nos visitó desde lo alto la aurora (Lc. 1:78).
         b. Una luz para los gentiles (Lc. 2:32).
         c. La luz era la vida de los hombres (Juan 1:4-6).
      4. La pasión del Señor Jesús por un mundo perdido.
         a. La palabra "mundo" aparece 77 veces en el Evangelio de Juan.
         b. Condensado en Juan 3:16.
      5. La mujer adúltera merecía la muerte, pero recibió la vida.
      6. Merecía la condenación, pero recibió perdón.

    C. La luz da dirección a los que son liberados (vv. 11, 12)
       1. "Vete, y no peques más".
       2. "No andará en tinieblas, sino que tendrá la luz de la vida".
       3. Estas son direcciones para los que han sido perdonados.
         a. La salvación es solo el comienzo (Ef. 2:8-10).
         b. Ya no andamos en tinieblas nunca más.
         c. Llamados a andar en vida nueva (Ro. 6:4).

III. Conclusión
    A. El Salvador sin pecado nos trae luz y vida a los pecadores
    B. Salga de las tinieblas y vaya al que es la luz del mundo
    C. Él le capacitará para andar en la luz

YO SOY LA PUERTA

Juan 10:7-10

I. Introducción

   A. *Jesús enseñó grandes verdades espirituales con sencillez*
      1. Yo soy el pan de vida.
      2. Yo soy la luz del mundo.
   B. *Con cuánta claridad explicó las cosas profundas de Dios*
      1. "Yo soy la puerta de las ovejas" (v. 7).
      2. Un mensaje de salvación para los pecadores bien claro.

II. Cuerpo

   A. *Cristo es la puerta (v. 7)*
      1. Una puerta es para salir y entrar.
      2. Cristo es la puerta para el perdón.
         a. Los que confían en Él salen de la condenación (Jn. 3:17).
         b. Los que confían en Él entran en la justificación (Ro. 5:1).
      3. Cristo es la puerta a la vida.
         a. Los que confían en Él salen de la muerte espiritual (Ef. 2:1).
         b. Los que confían en Él entran a la nueva vida (2 Co. 5:17).
      4. Cristo es la puerta al cielo.
         a. Los que confían en Él salen del camino al infierno (Jn. 3:36).
         b. Los que confían en Él entran en la vida eterna (Jn. 5:24).
      5. ¿Ha entrado usted en la vida eterna?
         a. La vida eterna es una posesión presente (1 Jn. 5:12).
         b. Podemos saber si tenemos ahora vida eterna (1 Jn. 5:13).
   B. *Cristo es la única puerta (v. 8)*
      1. No hay otra puerta para el perdón.
      2. No hay otra puerta para la nueva vida.
      3. No hay otra puerta para el cielo.
      4. No hay otra puerta para la vida eterna.
      5. Muchos tratan de encontrar otras puertas.
         a. Puertas religiosas: bautismo, comunión, ser miembro de una iglesia.
         b. Puertas financieras: donaciones a iglesias u obras de caridad.
         c. Puertas de mérito personal: buenas obras, honradez, etc.
         d. Puertas de sectas: falsos cristos (v. 8), falsas doctrinas.
      6. Todas estas fallan: solo Cristo es la puerta (Hch. 4:12).
   C. *Cristo es la puerta para todos los que creen (v. 9)*
      1. "El que por mí entrare".
         a. La invitación es para todos.

        b. Es otra manera de decir: "para que todo aquel" (Jn. 3:16; Ro. 10:13).

    2. Esta puerta se abre para todos los que desean entrar.

        a. Se abre para todos los pecadores (Ro. 3:23; 5:8).

        b. Se abre para todos los que vienen a Jesús (Jn. 6:37).

        c. Se abre para todas las razas (Ro. 10:12).

    3. Los que entran por esta puerta encuentran salvación.

        a. "Será salvo".

        b. No hay duda en cuanto a eso.

    4. Todos los que entran por esta puerta están en el redil.

    5. Todos los que entran por esta puerta quedan satisfechos: "hallará pastor".

III. Conclusión

    A. *Rechace todas las puertas falsas*

    B. *Venga a Cristo tal como es y está: un pecador*

    C. *Cristo le espera: ¡No se demore!*

YO SOY EL BUEN PASTOR

Serie "Yo soy" *Juan 10:11*

I. Introducción
A. *Esta es la más amorosa de todas las declaraciones "Yo soy"*
1. Como pan de vida, satisface.
2. Como la luz del mundo, santifica.
3. Como la puerta, salva.
4. Como el buen pastor, revela quién es Él.

B. *Conozcamos mejor al buen pastor*

II. Cuerpo
A. *Como el buen pastor, Cristo revela su carácter*
1. Los profetas conocieron al Señor como el buen pastor.
   a. David: "Jehová es mi pastor" (Sal. 23).
   b. Isaías: "Como pastor apacentará su rebaño" (40:11).
   c. Ezequiel: "Yo mismo iré a buscar mis ovejas" (34:11-16).
2. El "buen" pastor.
   a. "Jehová es bueno" (Nah. 1:7).
   b. "Ninguno hay bueno sino uno: Dios" (Mt. 19:16, 17).
   c. Esto revela, pues, la deidad de Cristo.
3. Tres títulos del Nuevo Testamento sobre Cristo el pastor:
   a. "El buen pastor su vida da por las ovejas" (Jn. 10:11).
   b. "El gran pastor de las ovejas" (He. 13:20).
   c. "El Príncipe de los pastores" (1 P. 5:4).
4. Podemos conocer a este buen pastor como nuestro pastor.

B. *Como el buen pastor, Cristo revela que cuida de nosotros*
1. Como buen pastor habla a sus ovejas (v. 3).
2. Como buen pastor llama a sus ovejas por nombre (v. 3).
3. Como buen pastor dirige a sus ovejas (v. 3).
4. El buen pastor va delante de sus ovejas (v. 4).
5. El buen pastor protege a sus ovejas (v. 12).
6. El buen pastor se queda con sus ovejas (v. 13).
7. El buen pastor da vida eterna a sus ovejas (vv. 27-29).

C. *Como el buen pastor, Cristo revela su cruz*
1. Pone su vida por las ovejas (v. 15).
   a. Aquí aparece la cruz con todos sus sufrimientos.
   b. Muere voluntariamente por sus ovejas.
2. Provee salvación para sus ovejas.
   a. Salvación para las "otras ovejas" (gentiles) (v. 16).
   b. Tanto los judíos como los gentiles necesitan salvación.
   c. Judíos y gentiles puede ser salvados (Ro. 10:12, 13).
3. Conquista a la muerte por sus ovejas (vv. 17, 18).
   a. La cruz estaba en los planes del Padre.

b. "Nadie me la quita, sino que yo de mi mismo la pongo".

c. "Tengo poder para volverla a tomar" (Resurrección).

4. Da vida eterna a sus ovejas (v. 28).

5. Nadie se las arrebatará de sus manos (v. 28).

6. Garantiza el futuro de sus ovejas (v. 28).

III. Conclusión

A. *¿Conoce al buen pastor como su pastor?*

B. *¿Se pregunta si Él realmente le ama a usted?*

1. Piense en la cruz.

2. Deje de dudar de su amor.

C. *Venga hoy al buen pastor por fe*

YO SOY LA RESURRECCIÓN Y LA VIDA

Serie "Yo soy" *Juan 11:25, 26*

I. Introducción
  A. *¿Quién es Jesucristo?*
    1. Dejemos que Él responda la pregunta.
      a. Yo soy el pan de vida (Jn. 6:35).
      b. Yo soy la luz del mundo (Jn. 8:12).
      c. Yo soy la puerta (Jn. 10:9).
      d. Yo soy el buen pastor (Jn. 10:11).
    2. Todavía hay cuatro declaraciones más de "Yo soy".
  B. *La resurrección y la vida*
    1. ¿Qué podemos aprender de esta extraordinaria declaración?
    2. ¿Cómo podemos aplicarlo a nuestra vida?

II. Cuerpo
  A. *Jesucristo es la más grande de todas las personalidades (v. 25)*
    1. ¿Qué es lo que llevó a esta emocionante escena?
      a. La declaración de su deidad: "Yo y el Padre uno somos" (10:30).
      b. Los enemigos de Jesús tramaron su muerte.
      c. Jesús ministraba al otro lado del Jordán y muchos creyeron en Él.
      d. Llegó un mensaje acerca de que Lázaro estaba enfermo (11:1).
      e. Jesús esperó dos días antes de salir para Betania (11:6).
      f. Los discípulos se enteraron de que Lázaro había muerto (v. 14).
    2. El dolor de Marta y la respuesta del Señor.
      a. "Señor, si hubieses estado aquí" (v. 21).
      b. "Yo sé que resucitará" (v. 23).
    3. Las cosas resultarían mejor de lo que Marta pensaba.
    4. Jesús está siempre a la altura de las circunstancias.
  B. *Jesucristo posee el más grande de todos los poderes (v. 25)*
    1. "Aunque esté muerto, vivirá".
    2. ¡Tómalo literalmente, Marta!
      a. Marta había vacilado ante su promesa anterior (v. 23).
      b. Pensó que estaba hablando acerca de la resurrección venidera.
      c. Marta limitó la promesa del Señor.
      d. Incluso así, su promesa se cumpliría.
    3. Es cierto, Lázaro se levantará en la resurrección de los muertos.

4. Todos los creyentes se levantarán en el arrebatamiento de la iglesia (1 Ts. 4:13-18).
5. Él se levantará entonces como el Señor ha prometido.
6. Cristo tiene el poder para levantar a los muertos, el más grande de los poderes.

C. *Jesucristo extiende la más grande de todas las promesas (v. 26)*
   1. "No morirá eternamente".
   2. La vida es breve por larga que sea.
      a. Según el salmista, es de 70 a 80 años.
      b. Todavía estamos dentro de esa medida.
   3. Jesús promete vida que dure: vida eterna.
   4. La vida eterna es mejor que 70 u 80 años... o 100 años.
   5. La vida eterna nos pertenece por medio de la fe en Cristo.

III. Conclusión
   A. *¿Conoce usted a la más grande de las personalidades?*
   B. *¿Descansa en su poder superior?*
   C. *¿Confía en sus grandes promesas?*
   D. *¿Posee usted ahora mismo la vida eterna?*

YO SOY EL CAMINO, LA VERDAD Y LA VIDA

Juan 14:6

I. Introducción
 A. *Jesucristo está preparando a los discípulos para su marcha (cap. 13)*
  1. Es la última pascua antes de su muerte.
  2. Lavó los pies de los discípulos.
  4. Compartieron el pan juntos.
  5. Dar a conocer la traición que sucedería.
 B. *La promesa del cielo*
  1. "No se turbe vuestro corazón".
  2. "En la casa de mi Padre muchas moradas hay".
  3. "Voy, pues, a preparar lugar para vosotros".
 C. *El "Yo soy" para responder a la pregunta de un discípulo*
  1. ¿Cómo podemos conocer el camino?
  2. Una buena pregunta para todos nosotros.

II. Cuerpo
 A. *Jesús es el camino al cielo*
  1. No dice: "Os mostraré el camino".
  2. Tampoco: "Aquí está el camino".
  3. Usted no puede seguir a Jesús al cielo.
   a. Él fue bautizado, pero usted puede bautizarse y perderse.
   b. Él amó a los persona, pero usted puede amar a los demás y perderse.
   c. Él era un hombre de oración, pero usted puede orar y perderse.
  4. La salvación viene por medio de la fe en Cristo.
   a. "Para que todo aquel que en él cree" (Jn. 3:16).
   b. "Cree en el Señor Jesucristo, y serás salvo, tú y tu casa" (Hch. 16:31).
   c. "Porque por gracia sois salvos por medio de la fe" (Ef. 2:8).
   d. "Justificados, pues, por la fe" (Ro. 5:1).
 B. *Jesús es la fuente de la verdad acerca del cielo*
  1. Hay muchos errores acerca del cielo.
   a. Muchos piensan que el cielo está en la tierra.
   b. Algunos creen que solo 144.000 irán al cielo.
   c. Algunos piensan que el cielo es un estado mental.
  2. Algunas verdades sobre el cielo que Cristo enseñó:
   a. El cielo es un lugar (v. 2).
   b. El cielo es un lugar preparado (v. 2).

      c. El cielo es el lugar donde los cristianos van cuando mueren (v. 3).

      d. El cielo es adonde Jesús nos llevará cuando Él regrese (v. 3).

    3. Podemos confiar en las palabras que Jesús nos dio acerca del cielo.

  C. *Jesucristo es la fuente de vida que continúa en el cielo*

    1. "Yo soy la vida".

      a. "En él estaba la vida" (Jn. 1:4).

      b. "Yo soy el pan de vida" (Jn. 6:35).

      c. "Yo soy la resurrección y la vida" (Jn. 11:25).

    2. La vida es preciosa.

      a. Estamos perdiendo esta verdad en nuestro tiempo.

      b. El aborto, el suicidio ayudado, la eutanasia.

      c. Cada momento de la vida es de inestimable valor.

    3. Solo Jesucristo nos provee de vida eterna.

III. Conclusión

  A. *Jesús es el único camino al cielo*

  B. *Jesús revela la verdad acerca del cielo*

  C. *Jesús da vida que continúa en el cielo*

  D. *Venga por la fe a Cristo y tenga la seguridad del cielo y de la vida eterna.*

YO SOY LA VID VERDADERA

Juan 15:1-8

I. Introducción

A. *¿Quién es Jesús?*
1. Esa es la gran pregunta que estamos considerando es esta serie "Yo soy".
2. Una pregunta que Cristo respondió para sus discípulos.

B. *¿Qué hemos aprendido de sus respuestas?*
1. Jesús es el pan de vida y la luz del mundo.
2. Jesús es la puerta al cielo y el buen pastor.
3. Jesús es la resurrección y la vida.
4. Jesús es el camino, la verdad y la vida.
5. Ahora aprendemos que Jesús es la vid verdadera.

C. *La vid verdadera, el labrador y los pámpanos*

II. Cuerpo

A. *La vid verdadera (v. 1)*
1. "Yo soy la vid verdadera".
2. Otros usos de "verdadera" en la Biblia.
   a. La luz verdadera (Jn. 1:9).
      (1) Jesús es comparado con Juan el Bautista.
      (2) Juan dio testimonio de Cristo.
      (3) Los profetas y los predicadores solo pueden reflejar la luz de Cristo.
   b. El verdadero pan (Jn. 6:32).
      (1) Jesús es comparado con el maná.
      (2) El maná fue provisto para la vida temporal.
      (3) Jesús provee para la vida eterna.
3. La vid provee vida para los pámpanos.
4. Cristo es nuestra fuente de vida (Jn. 14:6).
5. Cristo nos da vida abundante (Jn. 10:10).

B. *La vid verdadera con relación a el Padre (vv. 1-3)*
1. "Mi Padre es el labrador".
   a. El Padre es el viñador.
   b. El Padre espera fruto.
2. El fruto del Espíritu (Gá. 5:22, 23).
   a. Interior: amor, gozo, paz.
   b. Exterior: paciencia, benignidad, bondad, fe (fidelidad), mansedumbre, dominio propio.
3. El fruto de ganar almas (Pr. 11:30).
4. El Padre poda su viña.
   a. Algunas ramas son cortadas (por medio de la muerte).

41

      b. Algunas ramas son podadas para que sean más fructíferas.
        (1) Se las poda cortando lo que es innecesario.
        (2) Se las poda mediante la aplicación de las Escrituras
           (v. 3).

  C. La vid verdadera con relación a los pámpanos (ramas) (vv. 4-8)
    1. "Vosotros los pámpanos [ramas]" (v. 5).
    2. Los pámpanos dejan que la vida de la vid fluya hacia el
       fruto.
    3. Para dar fruto tenemos que permanecer en Cristo.
      a. Permanecer en Cristo es comunicarse con Él.
      b. Permanecer en Cristo es amarle.
      c. Permanecer en Cristo es adorarle y alabarle.
      d. Permanecer en Cristo es serle fiel.
    4. Al llevar fruto glorificamos al Padre (v. 8).

III. Conclusión
    A. Sin Cristo nada podemos hacer (v. 5)
    B. Con Cristo damos fruto y glorificamos al Padre

YO SOY EL ALFA Y LA OMEGA

Apocalipsis 1:8

I. Introducción

    A. *La serie "Yo soy" empezó con el llamamiento de Moisés (Éx. 3:13, 14)*

        1. Moisés: "¿Cuál es tu nombre?, ¿qué les responderé?"

        2. El Señor: "Así dirás a los hijos de Israel: YO SOY me envió a vosotros".

    B. *Jesús vino presentándose a sí mismo como el "Yo soy"*

        1. "Antes que Abraham fuese, yo soy" (Jn. 8:58).

        2. Hemos aprendido acerca del Eterno mediante expresiones simples:

           a. Pan, luz, la puerta, el buen pastor.

           b. La resurrección y la vida.

           c. El camino, la verdad y la vida; la vid verdadera.

    C. *Completamos la serie... en Apocalipsis*

II. Cuerpo

    A. *El Alfa y la Omega*

        1. Aquel que es completo. Todo lo que necesitamos lo encontramos en Él.

        2. El Alfa y la Omega, la primera y la última letras del alfabeto griego.

        3. Cristo dice: "Yo soy la A y la Z".

        4. Cada deseo y necesidad puede ser expresada mediante el alfabeto.

        5. Los grandes autores y sus obras.

           a. Todo lo que han usado ha sido las letras del alfabeto.

           b. Drama, historia, poesía, novela, biografía, sueños del futuro.

        6. ¿Qué puede haber más expresivo que el alfabeto?

           a. Los amantes lo usan como el vehículo de su amor.

           b. Los poetas expresan pensamientos inolvidables mediante cantos.

        7. ¿Es su problema el p-e-c-a-d-o, t-e-m-o-r, d-u-d-a-s?

        8. Si puede deletrearlo se lo puede decir a Jesucristo.

        9. Es otra forma de decir: "Cristo es el todo" (Col. 3:11).

    B. *El principio y el fin*

        1. El Creador y el Juez.

        2. Nuestro Señor es el gran principio y fin de todas las cosas.

           a. Dio el toque final a la creación (Gn. 2:1).

               (1) Puso orden en el caos.

        (2) Creo las plantas y los animales.

        (3) Creo a Adán y Eva.

    b. Consumó la redención (Jn. 19:30).

        (1) Profecías del Redentor prometido.

        (2) El nacimiento de Jesús en Belén.

        (3) El ministerio de Jesús.

        (4) La muerte y resurrección de Jesucristo.

    c. Algunas cosas se completarán con su venida.

  3. También termina su obra en nuestra vida (Fil. 1:6).

    a. La salvación es solo el comienzo.

    b. Todavía no ha terminado con nosotros (Ef. 2:10).

C. *Aquel que vendrá*

  1. "El que es y que era y que ha de venir" (Ap. 1:8).

  2. El que murió y resucitó vendrá otra vez.

  3. ¿Qué sucederá cuando Él venga?

    a. Los muertos en Cristo resucitarán (1 Ts. 4:13-16).

    b. Los creyentes vivos serán arrebatados (1 Ts. 4:17).

    c. Los incrédulos serán dejados para la Gran Tribulación.

  4. ¿Espera usted a aquel que vendrá?

III. Conclusión

  A. Hemos estado aprendiendo acerca de un Salvador amoroso y suficiente en todo

  B. ¿Le conoce usted como su Salvador personal y eterno?

  C. Venga a Él en fe y encuentre en Él todo lo que necesita

EL AMOR ES LO MÁS GRANDE

1 Corintios 13:13

I. Introducción

A. *El amor está en el plan de Dios*
1. Hay "tiempo de amar" (Ec. 3:8).
2. El amor es más grande que la fe y la esperanza (v. 13).

B. *Es el tema más grande de la Biblia*
1. Un tema que afecta a todas las personas.
2. Un tema que tiene el poder de cambiar la vida.
   a. Poder para cambiar su actitud.
   b. Poder para cambiar su matrimonio.
   c. Poder para cambiar su iglesia.
   d. Poder para cambiar su futuro.

II. Cuerpo

A. *El amor de Dios por nosotros (1 Jn. 4:10)*
1. La noticia más grande: ¡Dios nos ama!
2. La Biblia es la carta de amor de Dios para nosotros.
3. Dios nos amó aun siendo nosotros pecadores (Ro. 5:8).
4. Dios nos amó cuando nosotros no le amábamos (v. 10).
5. El amor de Dios llevó a Cristo a la cruz (Jn. 3:16).
6. Nunca seremos separados del amor de Dios (Ro. 8:38, 39).

B. *El amor de Dios en nuestros corazones (Ro. 5:5)*
1. "El amor de Dios ha sido derramado en nuestros corazones".
2. El amor de Dios debería entonces fluir de nosotros a otros.
   a. Jesús amó a los que eran difíciles de amar.
   b. Sus enemigos le criticaron por amar a los pecadores.
3. Cómo reconocer el amor de Cristo en nosotros (vv. 4-8).
   a. El amor es paciente y bondadoso.
   b. El amor no es envidioso ni jactancioso.
   c. El amor nunca es egoísta.
   d. El amor es rápido en perdonar, no guarda los resentimientos.
   e. El amor busca lo mejor en otros.

C. *El amor de Dios en la búsqueda de almas (1 Co. 13:1)*
1. Debemos amar a las personas perdidas.
2. Cristo nos llama a ir con su amor a un mundo perdido.
   a. "Id, y haced discípulos a todas las naciones" (Mt. 28:18-20).
   b. "Me seréis testigos" (Hch. 1:8).

3. Toda evangelización y testimonio es ineficaz sin amor (13:1).

 a. Predicar sin amor es solo ruido.

 b. Testificar sin amor es inútil.

 c. Dar sin amor es una mala inversión.

4. El salir a dar testimonio con amor produce resultados.

 a. El amor alcanza a más personas que la lógica.

 b. El amor alcanza a más personas que el tacto.

 c. El amor alcanza a más personas que la capacitación.

 d. El amor alcanza a más personas que los buenos argumentos.

5. Debemos amar a las personas tal como son.

 a. Así es como Cristo ama.

 b. Su amor puede llevarlos a ser como deberían ser.

III. Conclusión

 A. *Para cuando no se siente amado*

 1. Piense en la cruz de Cristo.

 2. La cruz demuestra el amor de Dios por nosotros.

 B. *Pida al Cristo de la cruz que ame a otros por medio de usted*

DIOS SE LO LLEVÓ

Génesis 5:24

I. Introducción

A. *Conozcamos a un hombre mediante la página necrológica*
1. Un hombre que habla acerca de la vida en un capítulo de muerte.
2. Una joya entre las genealogías.

B. *Enoc: El hombre que no murió (He. 11:5)*
1. "Le llevó Dios" (lo que significa que no murió).
2. Se lo llevó Dios en lo mejor de su vida.
3. Sucedió cuando era comparativamente joven.
4. Su familia echaría de menos a este hombre bueno.

C. *El consuelo que da la experiencia de Enoc cuando la muerte se lleva a los seres amados*

II. Cuerpo

A. *La reputación de Enoc antes de ser llevado*
1. Caminó con Dios.
2. Agradó a Dios (He. 11:5).
   a. Fue un hombre de fe.
   b. Su vida demostró su fe.
3. Fue un profeta (Jud. 14).
   a. Profetizó acerca de la segunda venida de Cristo.
   b. Advirtió acerca del juicio venidero.
   c. Habló enérgicamente en contra del pecado.
4. Los vecinos le conocieron como un hombre de Dios.

B. *La razón por la cual fue llevado*
1. Nosotros solo podemos especular.
   a. Sabemos que vivió en un tiempo difícil.
   b. El mundo estaba maduro para el juicio.
   c. Puede que Dios quisiera evitarle tanto dolor.
2. No podemos saber por qué Dios se lo llevó.
   a. De lo que podemos estar seguros es que Dios le amaba.
   b. Podemos estar seguros de que el Señor conoce el futuro.
   c. Podemos estar seguros de que el Señor hace todas las cosas bien.
3. Algunas cosas de las cuales los creyentes son librados en la muerte.
   a. Los dolores que están por venir.
   b. Los estragos de la enfermedad.
   c. Las debilidades de la carne.

4. Solo el Señor conoce la razón por la que los amados son llevados.

5. Debemos dejar en sus manos el misterio de su voluntad.

C. *Su morada después de que fue llevado*

1. Enoc fue llevado para estar con el Señor.

2. El domicilio y dirección de Enoc era el cielo.

3. Los cristianos son llevados al cielo cuando mueren.

a. Van allí inmediatamente (2 Co. 5:8).

b. Van a las mansiones prometidas (Jn. 14:1-3).

c. Van a un lugar que es mucho mejor (Fil. 1:21-23).

4. Enoc ya no tuvo más limitaciones humanas después que fue llevado.

5. Qué puede haber visto Enoc.

a. Las cosas que había aprendido en su caminar con Dios.

b. Cosas que sobrepasaban todos sus sueños.

III. Conclusión

A. *Cuando Dios se llevó a Enoc él estaba listo para partir*

B. *Jesús hizo posible que todos pudiéramos estar listos para partir*

C. *¿Está usted listo?*

¿QUIÉN CREERÁ?

Comienza la serie acerca de la cruz   *Isaías 53:1-3*

I. Introducción

   A. *Esta es una profecía de Isaías sobre Cristo que empieza con dos preguntas*

     1. "¿Quién ha creído nuestro anuncio?"

     2. "¿Sobre quién se ha manifestado el brazo de Jehová?"

   B. *Dos preguntas que son un llamamiento a la fe*

     1. ¿Quién creerá porque la Palabra de Dios lo ha declarado?

     2. ¿Quién creerá a pesar de las circunstancias?

   C. *¿Por qué las personas rechazarían al Salvador prometido?*

II. Cuerpo

   A. *La planta tierna (v. 2)*

     1. "Creció en su presencia como vástago tierno" (v. 2, NVI).

     2. Es una profecía de la venida de Cristo.

     3. ¡Qué bella descripción de Jesucristo!

       a. Habla del milagro de la encarnación.

       b. Su entrada en este mundo como un bebé (Lc. 2:1-20).

       c. Creciendo en una familia (Lc. 2:40-52).

     4. La ternura sería siempre parte de su vida.

       a. Tuvo tiempo para los niños.

       b. Los leprosos y otros rechazados fueron a Él.

       c. Recibió a los quebrantados, los tristes, los pecadores.

     5. Las lágrimas revelaron su tierno corazón.

   B. *La raíz de tierra seca*

     1. "Como raíz de tierra seca".

     2. Israel parecía muy improbable para producirlo.

       a. Habían apedreado a los profetas y rechazado su mensaje.

       b. Habían quedado sometidos al Imperio Romano.

       c. Se habían convertido en marginados entre las naciones.

       d. Pero las Escrituras decía que serían el vehículo para la venida del Mesías.

     3. Cuando Cristo vino nació de padres pobres.

     4. Salió de Nazaret.

       a. Incluso los judíos tuvieron problemas con esto.

       b. Nada bueno se esperaba de Nazaret (Jn. 1:46).

       c. Ningún profeta se había levantado de aquella área (Jn. 7:52).

     5. Pero Jesús vino de Nazaret y era el Salvador prometido.

   C. *El Cristo sin hermosura*

     1. Una sorprendente descripción de Cristo.

2. "No había en él belleza ni majestad alguna" (NVI).
   a. Nada de un entorno espléndido.
   b. Nada de pompa real.
   c. Los judíos esperaban un rey... no un siervo.
3. "Nada en su apariencia lo hacía deseable" (NVI).
   a. Nada espectacular acerca de Cristo.
   b. Todavía no sabemos nada de su apariencia física.
4. Para entender este versículo veamos lo anterior y posterior.
   a. Esta es una escena de la cruz (52:14—53:3-5).
   b. No hay nada bello acerca de la cruz.
   c. Los clavos, las espinas, la sangre, el sufrimiento.
5. En la cruz Él pagó por nuestros pecados.

III. Conclusión

A. *¿Puede usted mirar al crucificado y creer?*
   1. ¿Mira a la cruz y ve a un Rey?
   2. ¿Mira a sus sufrimiento y ve al Salvador?
B. *¿Le ha revelado el Señor a usted su plan de redención?*
C. *¿Aceptará usted hoy a este Salvador rechazado?*

VARÓN DE DOLORES

Isaías 53:3, 4

I. Introducción
   A. *El dolor es parte de la vida*
      1. ¿Quién no ha conocido el dolor?
      2. La vida comienza con un grito y termina con un suspiro.
   B. *Cristo vino para llevar nuestros dolores*
      1. Él experimentó dolor.
      2. Está capacitado para consolar a los que sufren.
   C. *Examinemos los dolores de Cristo*

II. Cuerpo
   A. *El dolor del rechazo (v. 3)*
      1. "Despreciado y desechado entre los hombres".
      2. El rechazo produce el más profundo de los dolores.
         a. Su amor fue rechazado.
         b. Su verdad fue rechazada.
         c. Su reino fue rechazado.
      3. Fue rechazado por su pueblo (Jn. 1:11).
      4. Fue rechazado por sus paisanos y familiares (Mt. 13: 54-58).
      5. Fue rechazado por los líderes religiosos (fariseos).
      6. Fue rechazado por la multitud en la cruz (Mt. 27: 39-43).
      7. ¿Ha sufrido usted el dolor del rechazo?
      8. Jesucristo sabe cómo se siente y se interesa por usted.
   B. *El dolor del sufrimiento (v. 3)*
      1. Todos estamos familiarizados con el sufrimiento.
         a. Las lágrimas son comunes a todos nosotros.
         b. El sufrimiento de sueños hechos añicos.
         c. El sufrimiento de hogares desechos.
         d. El sufrimiento que trae la aflicción de seres amados.
         e. El sufrimiento de la muerte de seres queridos.
      2. El Señor estaba "experimentado en el sufrimiento".
         a. No se aisló del sufrimiento.
         b. Lloró ante la tumba de Lázaro (Jn. 11:35).
         c. Sus lágrimas por Jerusalén (Lc. 19:41-44).
      3. Cristo conoce nuestro mundo de dolor.
         a. Podemos llevarle a Él nuestro más profundo dolor.
         b. Nos espera en su trono de gracia.
         c. Nos provee de recursos de gracia para nuestra necesidad (He. 4:16).
         d. Su gracia es suficiente para nuestro dolor (2 Co. 12:9).
   C. *El dolor de la soledad (v. 3)*
      1. "Y como escondimos de él el rostro".

2. Pasó por aquel camino de soledad por usted y por mí.
   a. Oró solo en Getsemaní (Lc. 22:40-46).
   b. Los discípulos le dejaron solo cuando lo arrestaron
      (Mt. 26:56).
   c. Estuvo solo ante el sumo sacerdote (Lc. 22: 63-71).
   d. En su juicio ante Pilato estuvo solo (Lc. 23).
   e. Fue dejado solo en la cruz (Mt. 27:46).
3. Él nunca nos dejará a nosotros solos.
   a. "He aquí yo estoy con vosotros todos los días"
      (Mt. 28:20).
   b. "No os dejaré huérfanos; vendré a vosotros" (Jn. 14:18).
   c. "No te desampararé, ni te dejaré" (He. 13:5).

III. Conclusión
   A. *Cristo ha llevado nuestros dolores*
   B. *¿Por qué, pues, tenemos que llevarlos nosotros?*
   C. *Aceptemos su consuelo para nuestros sufrimientos*
   D. *Testifiquemos de estas buenas noticias a los que nos rodean*

HERIDO, MOLIDO, NUESTRA PAZ

Isaías 53:5

I. Introducción

A. *Esta es quizá la profecía más conmovedora de la cruz*
   1. Aquí el precio de la redención se hace personal.
   2. Aquí tenemos una anticipación de Juan 3:16.
B. *Detalles de la muerte de Cristo en la cruz que deberían llamarnos a la fe*
   1. Un texto en el que podemos escribir nuestros nombres.
   2. Todo este sufrimiento fue por usted y por mí.
C. *Sus sufrimientos declaran la profundidad de su amor*

II. Cuerpo

A. *Herido por mí*
   1. "Herido por nuestras rebeliones".
   2. ¿Quién es el que fue herido?
      a. Aquel que fue traspasado (Zac. 12:10).
      b. Aquel que fue coronado de espinas (Mt. 27:29).
      c. Aquel que clavaron en la cruz (Jn. 20:25).
      d. Aquel que le abrieron el costado con una lanza (Jn. 19:34).
   3. ¿Por qué fue herido?
      a. "Por nuestras rebeliones".
      b. Él no había hecho nada para merecer la muerte (Lc. 23:41).
      c. Sus heridas fueron causadas por su amor por nosotros.
   4. Cristo fue nuestro sustituto.
   5. Las heridas de Cristo fueron profetizadas (Zac. 13:6).
   6. Las heridas de Cristo eran parte del plan de Dios para nuestra salvación.
   7. Las heridas de Cristo fueron por mi causa.
B. *Molido por mí*
   1. "Molido por nuestros pecados".
   2. Imaginemos cómo fue molido (quebrantado, maltratado) en la cruz.
      a. La corona de espinas.
      b. Los clavos en manos y pies.
      c. Los desgarros de manos y pies al levantar la cruz y ponerla vertical.
      d. Los quebrantos al retorcerse de dolor en la cruz.
   3. Otros pensamientos sobre "molido por nuestros pecados".
      a. Aquí están los quebrantos por causa de la serpiente (Gn. 3:15).

      b. Él vino para sanar a los quebrantados de corazón (Lc. 4:18).
    4. ¿Por qué fue Cristo "molido" (quebrantado)?
      a. Por mis pecados.
      b. ¡Cuán serio es el pecado!
      c. ¡Cuán grande es su amor!
C. *Paz para mí*
    1. "El castigo de nuestra paz fue sobre él".
    2. Hay un precio para la paz.
    3. Nuestros pecados nos habían separado de Dios.
    4. Éramos enemigos de Dios (Ro. 5:10).
      a. Esta enemistad fue eliminada en la cruz (Ef. 2:13-17).
      b. La paz fue hecha mediante la sangre que derramó en la cruz (Col. 1:20).
    5. Tenemos paz con Dios por medio de la fe en Cristo (Ro. 5:1).

III. Conclusión
A. *Herido, molido, castigado*
    1. Todo esto para salvarnos y hacernos nuevas criaturas.
    2. Ahora estamos muertos al pecado, pero vivos a la justicia (1 P. 2:24).
B. *Sufrió y murió para conseguir nuestra paz*
    1. ¿Ha ido a la cruz y ha reflexionado sobre su significado para usted?
    2. ¿Ha visto usted a Cristo herido, quebrantado y golpeado por usted?
C. *¿Cómo puede demorar su respuesta al amor del Calvario?*

LA RECUPERACIÓN DE LOS DESCARRIADOS

Isaías 53:6

I. Introducción
   A. *Un versículo que empieza y termina con "todos"*
   B. *Grandes "todos" de la Biblia*
     1. "Por cuanto todos pecaron" (Ro. 3:23).
     2. "El cual se dio a sí mismo en rescate por todos" (1 Ti. 2:6).
     3. "No hay ningunas tinieblas en él" (1 Jn. 1:5).
     4. "La sangre de Jesucristo su Hijo nos limpia de todo pecado" (1 Jn. 1:7).
   C. *Cómo nos afecta este texto a todos nosotros*

II. Cuerpo
   A. *Todos nos hemos extraviado*
     1. "Todos nosotros nos descarriamos como ovejas".
     2. La caída del Edén nos afecta a todos.
       a. "No hay justo, ni aun uno" (Ro. 3:10).
       b. "Por cuanto todos pecaron, y está destituidos de la gloria de Dios" (Ro. 3:23).
     3. El pecado trajo la muerte (Gn. 3:3; Ro. 6:23).
       a. Muerte espiritual (Ef. 2:1).
       b. Muerte física (He. 9:27).
     4. Toda la creación ha quedado afectada por la caída (Ro. 8:22).
     5. El pecado nos ha metido en un grave problema.
       a. Aparte del amor de Dios no hay esperanza.
       b. Gracias a Dios, Él nos ama y por lo tanto, hay esperanza (Ro. 5:8).
   B. Cada uno hemos seguido nuestro propio camino
     1. "Cada cual se apartó por su camino".
     2. Decidimos rebelarnos en contra de Dios.
       a. En contra de sus leyes.
       b. En contra de su amor.
       c. En contra de su bondad.
       d. En contra de su gracia.
     3. En contra de Cristo cuando vino a salvarnos.
       a. "No queremos que éste reine sobre nosotros" (Lc. 19:14).
       b. Estas actitudes llevan a la cruz.
     4. Esa rebelión continúa hoy.
       a. Algunos no recibirán a Cristo para ser salvos.
       b. Incluso algunos creyentes eligen sus propios caminos.
   C. *Cristo murió para pagar nuestra deuda por el pecado*
     1. "Mas Jehová cargó en él el pecado de todos nosotros".

2. Jesucristo lo pagó por completo.
   a. Él voluntariamente pagó nuestra deuda por el pecado.
   b. Se convirtió en la propiciación por nuestros pecados
      (1 Jn. 4:10).
   c. Se hizo pecado por todos nosotros (2 Co. 5:21).
   d. Somos redimidos por su sangre (1 P. 1:18-20).
3. La redención por su sangre es el tema del cielo (Ap. 1:5).
   a. Es el canto del cielo (Ap. 5:9).
   b. Será el motivo de regocijo de los santos y ángeles en el
      cielo (Ap. 7:9-17).

III. Conclusión

A. *¿Acepta usted el hecho de su pecado?*
B. *¿Reconoce usted su rebelión en contra de Dios?*
C. *¿Aceptará a aquel que cargó con nuestros pecados en la cruz?*

EL SILENCIO DEL SALVADOR

Isaías 53:7

I. Introducción

A. *Isaías continúa desarrollando los detalles de la redención*
1. El varón de dolores, el menospreciado (v. 3).
2. El Redentor azotado que sufrió nuestros dolores (v. 4).
3. El que fue herido nos trae paz (v. 5).
4. Aquel que cargó con el pecado de todos los descarriados (v. 6).

B. *El carácter de Cristo*
1. Su disciplina cuando estaba bajo presión.
2. Su control durante las presiones de la cruz.

C. *El Cristo silencioso proclamó su fortaleza*

II. Cuerpo

A. *Cristo guardó silencio cuando le oprimían*
1. Lo arrestaron aunque era inocente (Mt. 26:47-56).
   a. Fue vendido por Judas por treinta monedas de plata.
   b. Fue traicionado con un beso.
2. Lo acusaron falsamente pero guardó silencio (Mt. 26:60-63).
3. Se mantuvo en silencio cuando sus seguidores le fallaron.
   a. Le abandonaron y huyeron (Mt. 26:56).
   b. Pedro le negó tres veces (Mt. 26:69-75).
4. La manera en que Pedro describió luego el silencio de Cristo (1 P. 2:23).
   a. "Cuando le maldecían, no respondió con maldición".
   b. "Cuando padecía, no amenazaba".
5. Guardó silencio ante Pilato (Mt. 27:14).
6. Compare su silencio al nuestro cuando somos oprimidos.

B. *Cristo guardó silencio cuando le afligían*
1. Cuando le azotaban no abrió su boca (Mt. 27:26).
2. Tampoco cuando los soldados le escarnecían (Mt. 27:29-35).
   a. La corona de espinas y la caña como cetro.
   b. Hincándose ante Él decían: "¡Salve, Rey de los judíos!"
   c. Le escupieron y le golpearon.
   d. Echaron suertes sobre sus vestiduras.
3. No respondió cuando le injuriaban y se burlaban de Él (Mt. 27:39-44).
4. Cómo describió Pablo su silencio (Fil. 2:5-7).
   a. "Se despojó a sí mismo".
   b. "Se humilló a sí mismo".
   c. Se hizo "obediente hasta la muerte".
5. ¡Qué ejemplo para nosotros cuando estamos afligidos!

C. *Cristo fue el Cordero silencioso*
   1. "Como cordero fue llevado al matadero".
   2. Isaías mira al pasado al Cordero pascual (Éx. 12).
      a. El cordero que hablaba de la liberación de Egipto.
      b. El cordero que los libró de la opresión.
      c. El cordero que los rescató de sus aflicciones.
   3. Isaías también mira hacia el futuro al Cordero de Dios.
      a. El Cordero cuya muerte traería liberación a los que creen.
      b. El Cordero cuya sangre nos limpiaría de nuestros pecados.
   4. Juan el Bautista dijo: "He aquí el Cordero de Dios" (Jn. 1:29).

III. Conclusión
   A. *¿Se siente usted conmovido por el silencio del Cordero de Dios?*
   B. *¿Vendrá usted en fe al Cordero que fue oprimido y afligido por usted?*
   C. *El Salvador que no abrió su boca le invita a confiar en Él y ser liberado por Él*

DE LA CRUZ AL TRONO

　　　　　Isaías 53:8-12

I. Introducción

A. *La gran profecía de Isaías sobre la cruz*
1. Cada suceso que lleva al Calvario aparece en este pasaje.
2. Todo el dolor y sufrimiento de la cruz lo encontramos aquí.
   a. El rechazo del Redentor.
   b. Las heridas del Salvador.
   c. El sufrimiento del gran Pastor.
   d. El silencio del Cordero que muere por los pecadores.

B. *La emotiva descripción de los actores clave en la crucifixión (vv. 8, 9)*
1. Los soldados y la crucifixión.
2. Los impíos y el rico.
   a. Crucificado entre dos malhechores.
   b. El acaudalado José provee una tumba para Jesús.

II. Cuerpo

A. *La resurrección (v. 10)*
1. La cruz era parte del plan de Dios.
   a. El propósito de Dios era quebrantarlo.
   b. Esta no fue una idea de última hora.
2. Su vida vino a ser una ofrenda por el pecado.
   a. Pensemos en todas las ofrendas de los siglos.
   b. Eran tipos que anticipaban la venida de la cruz.
3. Una profecía de la resurrección.
   a. "Vivirá por largos días".
   b. El gozo de Cristo: Llevar a cabo el plan de Dios
      (La voluntad de Dios será en su mano prosperada).
4. Aquí encontramos el Evangelio (1 Co. 15: 3, 4).
5. La cruz y la resurrección son buenas noticias de parte de Dios.

B. *La justificación (v. 11)*
1. Satisfacción divina.
   a. Las aflicciones del alma de Cristo.
   b. Su sufrimiento y muerte fueron suficientes.
   c. La deuda del pecado fue pagada en la cruz.
2. Dios podía ser justo y el que justificaba (Ro. 3:24-26).
3. La exclamación en la cruz: "Consumado es" (Jn. 19:30).
   a. La redención fue completada.
   b. Era la justificación para todos los que creen (Ro. 3:26).
   c. Mediante la justificación por la fe tenemos paz para con Dios (Ro. 5:1).

C. La intercesión (v. 12)
   1. De la cruz al reino.
      a. "Se despojó a sí mismo, tomando la forma de siervo" (Fil. 2:7).
      b. Obediente hasta la muerte en la cruz (Fil. 2:8).
      c. Dios le ha exaltado (Fil. 2:9).
      d. Su nombre es sobre todo nombre (Fil. 2:9).
      e. Toda rodilla se doblará delante de Él (Fil. 2:10).
   2. Cristo intercedió por los pecadores en la cruz.
      a. Él oró "por los transgresores".
      b. "Padre, perdónalos…"
   3. La intercesión de Cristo hoy.
      a. "El que también intercede por nosotros" (Ro. 8:34).
      b. "Viviendo siempre para interceder por ellos" (He. 7:25).
      c. "Abogado tenemos para con el Padre" (1 Jn. 2:1).

III. Conclusión
   A. Cristo murió: La deuda está pagada
   B. Cristo ha resucitado: Tiene el poder de salvarnos
   C. Cristo intercede: Nos representa delante del trono de Dios

EL PODER DE LA RESURRECCIÓN

Lucas 24:1-12

I. Introducción
A. *Un día de buenas nuevas*
  1. El día de la resurrección de Cristo.
  2. Sin la resurrección no hay buenas noticias.
B. *Los sucesos de la cruz y después*
  1. Las promesas del aposento alto para los discípulos.
  2. La traición de Judas y el juicio ante Pilato.
  3. La crucifixión y las siete últimas palabras.
  4. La desesperanza de los que fueron a la tumba (v. 1).
C. *Reciben la noticia de la resurrección*
D. *¡Qué gran poder!*

II. Cuerpo
A. *El poder de la resurrección es grandioso (vv. 2, 3)*
  1. La piedra estaba quitada.
  2. El cuerpo de Cristo no estaba allí.
  3. Vivimos en la época del poder:
    a. Automóviles, aviones, naves espaciales.
    b. El poder del conocimiento: adelantos científicos.
    c. El poder nuclear: beneficioso y destructivo.
  4. El poder de la resurrección es el más grande de todos.
    a. El poder para restaurar la vida.
    b. ¿Qué puede hacer la ciencia en un cementerio?
  5. El poder de la Trinidad participa en la resurrección.
    a. El poder del Hijo (Jn. 10:17, 18).
    b. El poder del Padre (Ef. 1:18-20).
    c. El poder del Espíritu Santo (Ro. 1:4).
B. *El poder de la resurrección es un poder asombroso (admirable?) (vv. 4-11)*
  1. Es el poder que salva el alma (Gracia admirable).
  2. No hay esperanza aparte de la resurrección (1 Co. 15:13-20).
  3. El poder de Cristo para salvar:
    a. Su vida: La perfección necesaria para salvar.
    b. Su muerte: el pago necesario para salvar.
    c. Su resurrección: el poder necesario para salvar.
  4. "¿Por qué buscáis entre los muertos al que vive?"
    a. Todos estábamos espiritualmente muertos (Ef. 2:1).
    b. Todos pueden venir a Cristo y tener nueva vida.
    c. Ningún caso es demasiado difícil para Él (He. 7:25).
    d. Venga a Cristo en fe y encuentre la vida.

C. *El poder de la resurrección está a nuestra disposición (v. 12)*
   1. El poder no sirve de nada a menos que esté disponible.
      a. Las plantas eléctricas deben estar conectadas a las casas y fábricas.
      b. El poder tiene que ser transmitido para que sea de utilidad.
   2. Dios ha puesto el poder de la resurrección a nuestra disposición.
      a. ¿Está siendo tentado? Reclame el poder de la resurrección.
      b. ¿Se siente deprimido? Reclame el poder de la resurrección.
      c. ¿Se siente derrotado? Reclame el poder de la resurrección.
   3. No posponga recibir la salvación por temor de que no puede vivir ese estilo de vida.
      a. El Cristo viviente guarda a todos los que salva.
      b. El poder de la resurrección lo hará posible.
   4. Aun cuando se sintió fracasado Pedro encontró esperanza en el Cristo resucitado.

III. Conclusión
   A. *Confíe su salvación en aquel que tiene el poder de la resurrección*
   B. *Reclame el poder de la resurrección para vivir para Él*

EXPERIENCIAS EN LA TUMBA VACÍA

Mateo 28:1-10

I. Introducción
   A. *Las supuestas victorias en la cruz*
     1. Los sacerdotes: Se deshicieron del que hablaba con autoridad.
     2. Los fariseos: Se deshicieron del que les reprendía por su hipocresía.
     3. Los políticos: Eliminaron al que causaba aquel alboroto.
   B. *La victoria cierta de la resurrección*
     1. La promesa de la resurrección quedó cumplida (Jn. 2:19).
     2. La deidad de Cristo fue confirmada (Ro. 1:4).
     3. La tumba vacía permanece como el más grande de los milagros de todos los tiempos.
   C. *Lo que la tumba vacía significó para todos los que estaban allí*

II. Cuerpo
   A. *El ángel en la tumba vacía (vv. 1-3)*
     1. Las mujeres volvían con especias aromáticas para el cuerpo de Jesús.
       a. Eran sinceras, pero dudaron de la promesa de Cristo.
       b. Esperaban que estuviera en la tumba.
     2. Sucesos relacionados con un terremoto recibieron a las mujeres.
       a. Hubo un terremoto.
       b. El ángel del señor descendió.
       c. Quitó la piedra que cerraba la tumba.
       d. Se sentó sobre la piedra.
     3. Los ángeles y el arrebatamiento venidero (1 Ts. 4:13-18).
       a. La voz del arcángel.
       b. La trompeta de Dios.
       c. Las tumbas vacías y los creyentes arrebatados al cielo.
       d. El Señor conoce dónde está cada tumba.
     4. El ángel sentado sobre la piedra muestra que Cristo conquistó la muerte.
   B. *Ansiedad en la tumba vacía (vv. 4, 5)*
     1. Los soldados romanos guardaban la tumba (Mt. 27:62-66).
       a. Los sacerdotes y los fariseos temía que Cristo pudiera resucitar.
       b. Pilato asignó una guardia para asegurar la tumba.
     2. Los soldados y el ángel del Señor.
       a. Los soldados empezaron a temblar cuando vieron al ángel.
       b. Se quedaron como muertos.

3. Los soldados tenían buenas razones para temblar.
   a. Iban a tener que informar a sus superiores.
   b. Sabían ahora que Jesucristo era el Hijo de Dios.
   c. Habían cometido un error al rechazarlo.
4. ¿Ha rechazado usted a Cristo?
5. Un día se verá cara a cara con esta realidad.
6. Inesperadamente las mujeres también sintieron temor.

C. *La seguridad dada en la tumba vacía (vv. 5-10)*
   1. Los soldados no recibieron palabras de seguridad.
   2. Palabras de afirmación para mujeres atemorizadas.
      a. "No temáis". ¡Qué palabras tan alentadoras en tiempos difíciles!
      b. "Porque yo sé". Dios sabe todo lo concerniente a nosotros.
      c. "No está aquí". ¡Buenas noticias!
      d. "Ha resucitado". ¡Aleluya!
      e. "Como dijo". Dios cumple su palabra.
      f. "Id pronto y decid". Misioneros de Cristo.
      g. "He aquí va delante de vosotros" (Jn. 10:4).

III. Conclusión
   A. *¿Qué significa la tumba vacía para nosotros?*
   B. *La tumba vacía debería llevarnos a la realidad espiritual*
   C. *La tumba vacía debería asegurarnos que Cristo sigue vivo*

SI CRISTO NO HUBIERA RESUCITADO

Serie acerca de la resurrección *1 Corintios 15:13-20*

I. Introducción

A. *Las promesas de la resurrección*
1. "Destruid este templo, y en tres días lo levantaré" (Jn. 2:18-22).
2. La señal de Jonás (Mt. 12:40).
3. Jesús profetiza su resurrección (Mr. 8:31).

B. *Millones en todo el mundo celebran la resurrección*

C. *Pero ¿qué si Cristo no hubiera resucitado?*

II. Cuerpo

A. *Toda predicación sería en vano (v. 14)*
1. Cada sermón que se predica no serviría para nada.
   a. Toda preparación de sermones sería inútil.
   b. Toda la predicación sería energía perdida.
   c. Todo el tiempo que se dedica a escuchar sermones sería en vano.
2. Toda la predicación del pasado carecería de valor.
   a. La predicación de los apóstoles.
   b. La predicación de los primeros mártires de la iglesia.
   c. La predicación de los gigantes de la fe.
      (1) Los sermones de Lutero que promovieron la Reforma.
      (2) Los sermones de Wesley que trajeron avivamiento.
      (3) Los sermones de Spurgeon y Moody que llevaron a tantos a Cristo.
3. Si Cristo no hubiera resucitado, nosotros no estaríamos allí.

B. *Toda expresión de fe sería en vano (v. 14)*
1. Fe... que salva el alma (Hch. 16:31).
   a. Que produce paz con Dios (Ro. 5:1).
   b. Que acepta el don de la gracia (Ef. 2:8, 9).
2. Fe... que hace a la oración poderosa.
   a. "Si puedes creer, al que cree todo le es posible" (Mr. 9:23).
   b. "Te enseñaré grandes cosas" (Jer. 33:3).
3. Fe... que trae paz al corazón y a la mente.
   a. "Por nada estéis afanosos" (Fil. 4:6-8).
   b. "¿De quién temeré?" (Sal. 27:1).

C. *Desaparecería toda esperanza del cielo (v. 18)*
1. Todos los que murieron confiando en Cristo habrían perecido.

2. Cada tumba sería un lugar de desesperación.
   a. No habría mansiones preparadas para nosotros
      (Jn. 14:1-3).
   b. No habría un lugar mejor esperándonos (Fil. 1:23).
   c. No habría esperanza de encontrarnos de nuevo con los
      seres amados que partieron (1 Ts. 4:13).
3. Las promesas sobre el cielo serían falsas.
D. *Los creyentes serían los más desdichados (v. 19)*
   1. Habríamos creído en una mentira.
   2. Habríamos pasado la vida siguiendo una fábula.
   3. El gozo que profesamos sería un engaño.
   4. Habríamos cambiado las ganancias de la tierra por un
      sueño.

III. Conclusión
A. *"Mas ahora Cristo ha resucitado" (vv. 20-26)*
   1. La predicación del evangelio es poderosa y verdadera.
   2. La fe en Cristo trae perdón y vida eterna.
   3. Los creyentes van al cielo cuando mueren.
   4. Los cristianos tienen razones para regocijarse.
B. *Resucitaremos para ser semejantes a Él (v. 20)*
C. *Cristo reinará para siempre (vv. 25, 26)*
D. *¿Reina Cristo en su corazón?*

MUCHAS PRUEBAS CONVINCENTES

I. Introducción
- A. *¡Cristo ha resucitado!*
  1. Él había prometido que resucitaría.
  2. La Biblia declara su resurrección.
  3. Nosotros creemos en su resurrección.
- B. *Algunos dudan de la resurrección*
  1. Demandan pruebas de la resurrección.
  2. La Biblia dice que hay muchas pruebas indubitables.
- C. *Consideremos las pruebas de la resurrección*

II. Cuerpo
- A. *La tumba vacía*
  1. Los enemigos de Cristo recordaban su promesa de resurrección.
     a. Le hablaron a Pilato acerca de esta promesa (Mt. 27:63).
     b. Se aseguraron de que unos soldados guardaran la tumba (v. 65).
     c. La tumba fue oficialmente sellada (v. 66).
  2. Los amigos de Jesús se olvidaron de su promesa de resurrección.
     a. Las mujeres fueron a la tumba para ungir su cuerpo.
     b. Qué extraño, los enemigos lo recordaron y sus amigos lo olvidaron.
     c. Matthew Henry dijo: "El odio es más aplicado que el amor".
  3. Cuando las mujeres llegaron la tumba estaba vacía (Mt. 28:1-8).
  4. Incluso los soldados admitieron que la tumba estaba vacía (28:11).
  5. Los enemigos de Cristo sabían que la tumba estaba vacía (28:12-15).
     a. Tuvieron una reunión para decidir qué hacer al respecto.
     b. Dieron dinero a los soldados para que contaran una mentira increíble.
     c. Sus precauciones y pánico prueba la resurrección.
     d. Su mentira continúa hasta el día de hoy.
- B. *Los testigos oculares*

1. El testimonio de los testigos oculares tiene mucho valor en los tribunales.
2. ¿Quiénes fueron estos testigos oculares?
   a. Las mujeres que fueron a la tumba (Lc. 23:55—24:11).
   b. Pedro y Juan (Jn. 20:1-10).
   c. Los discípulos de Emaús (Lc. 24:13-35).
   d. Tomás, después de una semana de incredulidad (Jn. 20:24-29).
   e. Más de quinientas personas (1 Co. 15:6).
   f. Santiago y todos los apóstoles (15:7).
   g. Pablo en el camino a Damasco (15:8).
3. ¿Por qué vamos a dudar de estas personas honradas?

C. *La recuperación de los discípulos*
1. Los discípulos habían quedado desmoralizados por la crucifixión.
   a. Abandonaron a Cristo y huyeron (Mt. 26:56).
   b. Algunos se marchaban a sus casas (Lc. 24:13-35).
2. La resurrección lo cambió todo.
   a. El temor se cambió en fe.
   b. Los que dudaban se transformaron en testigos dinámicos.
3. Estos discípulos acobardados se volvieron valientes.
   a. Estaban dispuestos a arriesgar sus vidas.
   b. Las personas no mueren por una mentira.
   c. Miles se salvaron gracias a su testimonio.
   d. La iglesia existe debido a este cambio.

III. Conclusión

A. *La prueba más grande y convincente es la transformación que Cristo obra en las vidas hoy*
B. *Él quiere cambiarle también a usted (2 Co. 5:17)*
C. *Encuéntrese con el Cristo viviente mediante la fe (Ro. 10:9-13)*
D. *Usted se convertirá en otra prueba indubitable de la resurrección*

DIOS PREGUNTA AL PRIMER HOMICIDA DE LA TIERRA

Génesis 4:6

I. Introducción

A.. *La primera familia*
1. A Adán y Eva se les dijo que tuvieran hijos (Gn. 1:28).
2. El mandamiento fue dado antes de la caída.
3. Eso demuestra que la relación sexual en el matrimonio es correcta (He. 13:4).
4. Nacieron Caín y Abel y otros hijos más (4:1, 2; 5:4).

B. *Una actitud de violencia entra en la primera familia*
1. Abel, un pastor y hombre de fe (He. 11:4).
2. Caín, un agricultor y sin una relación correcta con Dios.
   a. Tenía celos de Abel.
   b. Odió a su hermano.
   c. Se dejó controlar por el enojo.

C. *Las preguntas de Dios a un hombre enojado*

II. Cuerpo

A. *Estas preguntas demuestran que Dios está interesado en nuestros sentimientos*
1. "¿Por qué te enojas?" (4:6, DHH).
2. "¿Por qué ha decaído tu semblante?"
3. ¿Se aplican a usted hoy estas preguntas de parte de Dios?
   a. ¿Está usted enojado?
   b. ¿Está deprimido?
   c. ¿Está celoso de los logros de otra persona?
   d. ¿Ha comenzado a crecer el odio en su corazón?
   e. ¿Se ve en su rostro la mala actitud?
4. Cuando Elías clamó, Dios le escuchó (1 R. 19).
5. Cuando Jonás estaba enojado y deprimido a las afueras de Nínive, Dios se interesó en él (Jon. 4).
6. Dios se interesa y se preocupa por usted.

B. *Estas preguntas revelan la causa del primer homicidio*
1. Cada acción empieza con un pensamiento.
2. Juan habló de la caída de Caín (1 Jn. 3:10-16).
   a. Sus obras eran malas.
   b. Las obras justas de Abel le acusaban en su conciencia.
   c. No amaba a su hermano.
   d. Su odio determinó su suerte: "Todo aquel que aborrece a su hermano es homicida" (v. 15).
3. ¿Qué pensamientos destructivos está teniendo en su mente?

    a. ¿Pensamientos lascivos que le puede llevar al pecado sexual?

    b. ¿Pensamientos de codicia que le pueden llevar a la deshonestidad?

    c. ¿Pensamientos de odio que le pueden llevar a la violencia y al homicidio?

C. *Estas preguntas tenían la intención de cambiar la vida de Caín*

    1. Dios actúa movido por su amor.

    2. A las preguntas les siguieron instrucciones amorosas.

       a. Dios le dice a Caín cómo será aceptable en su presencia.

       b. Dios le advierte a Caín del peligro de seguir pecando.

    3. Dios nos busca donde nosotros estamos.

    4. Él quiere que cambiemos de dirección (arrepentimiento).

    5. Nos invita a que pongamos nuestra fe en Él.

III. Conclusión

A. *Todo pudo haber sido diferente si*

    1. Caín hubiera dejado su enojo e incredulidad.

    2. Si hubiera respondido al amor de Dios.

B. *Lo mismo puede suceder con usted*

C. *Permita que Dios cambie su amargura con sus bendiciones*

USTED TIENE QUE NACER DE NUEVO

Juan 3:1-21

I. Introducción
A. *Vida nueva para un hombre religioso*
1. Muchos tienen religión, pero carecen de realidad espiritual.
2. Tiene una cierta forma de piedad, pero no fe.
3. En este pasaje un hombre religioso aprende acerca de la nueva vida.

B. *Por qué Carlos Wesley predicó a menudo sobre nacer de nuevo*
1. Su respuesta: "Porque usted tiene que nacer de nuevo".
2. ¿Ha nacido usted de nuevo?

C. *Pensemos en el hombre que aprendió acerca de nacer de nuevo*

II. Cuerpo
A. *Nicodemo y sus necesidades (vv. 1, 2)*
1. Nicodemo vino a Jesús de noche.
   a. Era un dirigente de los judíos.
   b. Estaba probablemente temeroso de que otros le vieran.
   c. Temeroso de que pudiera perder credibilidad con sus amigos.
2. ¿Por qué fue Nicodemo a Jesús?
   a. Había oído acerca de sus milagros.
   b. Creía que Dios estaba con él.
3. Lo que Nicodemo no necesitaba.
   a. No necesitaba religión: era un fariseo.
   b. No necesitaba reconocimiento: era un líder de los judíos.
4. No reconoció su verdadera necesidad hasta que no habló con Jesús.
5. Necesitaba nacer de nuevo.

B. *El Salvador y su extraña declaración (vv. 3-7)*
1. Jesús estaba disponible incluso de noche.
   a. Nunca estaba demasiado cansado u ocupado para los demás.
   b. Jesús siempre tiene tiempo para los que acuden a Él.
2. Cristo no se detuvo en las palabras de Nicodemo sino que fue a su verdadero problema.
   a. Él sabe por qué está usted hoy aquí.
   b. Entiende los problemas que le afligen a usted hoy.
   c. Sabe acerca de los problemas en su hogar; de su pavor a la muerte.

71

3. "Que el que no naciere de nuevo".
   a. No hay otra manera de entrar en el reino de Dios.
   b. No hay otra manera de estar seguro del cielo.
4. "¿Cómo puede un hombre nacer siendo viejo?"
   a. Nicodemo está confundido por la extraña declaración.
   b. Piensa que Cristo está hablando acerca de otro nacimiento físico.

C. *Cristo se lo explica bien claro (vv. 3-16)*
   1. Responde a las preguntas del aquel hombre religioso.
      a. No hay otro nacimiento físico.
      b. "Lo que es nacido de la carne, carne es".
      c. Este es un nacimiento espiritual.
      d. "Lo que es nacido del Espíritu, espíritu es".
   2. "¿Cómo puede hacerse esto?"
   3. Aclaración de la confusión.
      a. Moisés y la serpiente en el desierto (v. 14).
      b. Los israelitas que miraron con fe vivieron (Nm. 21:9).
      c. Los que por la fe reciben a Cristo tienen vida eterna.
   4. El versículo que lo dice todo con extrema claridad (v. 16).

III. Conclusión

A. *El nuevo nacimiento en pocas palabras*
   1. Es la obra del Espíritu Santo (Tit. 3:5).
   2. Es el resultado de la fe en Cristo (Jn. 3:14-16).
B. *¿Ha nacido usted de nuevo?*

LA CORONA DE GOZO DE PABLO

1 Tesalonicenses 2:19, 20

I. Introducción
A. *Lo que Pablo anticipaba*
   1. Su encuentro con Cristo en su venida.
   2. Luego su reunión con los que él había ganado para Cristo.
B. *Lo que los convertidos significaban para Pablo*
   1. Eran su esperanza y gozo (v. 19).
   2. Eran su corona de gozo (v. 19).
   3. Eran su gloria y gozo (v. 20).
C. *Lo que el amor por las almas hizo por la vida de Pablo*

II. Cuerpo
A. *El deseo del corazón de Pablo (Ro. 10:1)*
   1. El deseo de su corazón por Israel era de salvación.
      a. Esta era su oración constante.
      b. Era la prioridad número uno en su lista de oración.
   2. ¿Cuál es el deseo de su corazón?
      a. ¿Una casa mejor, un empleo mejor, un auto nuevo?
      b. ¿Cómo se compara eso con el deseo de salvar almas?
   3. Pablo deseaba la salvación de las almas más que comer cuando estaba hambriento.
   4. Lo deseaba más que satisfacer su sed cuando sediento.
   5. Lo deseaba más que la libertad cuando estaba encarcelado.
   6. Lo quería más que la justicia cuando comparecía ante jueces.
B. *Era el factor decisivo en el comportamiento de Pablo (1 Co. 9:19-22)*
   1. Usó toda oportunidad y método para llevar las personas a Cristo.
      a. Sirvió a otros para ganarlos para Cristo (v. 19).
      b. Habló con los judíos como un judío para ganarlos (20).
      c. Buscó a las personas donde estaban con el fin de ganarlas (v. 21).
      d. Se hizo débil para con los débiles a fin de ganarlos.
   2. Estando en la cárcel alabó a Dios para ganar almas (Hch. 16:25-32).
   3. Después de ser apedreado se levantó y continuó predicando para ganar almas.
   4. ¿En qué se diferencia usted en su comportamiento?
      a. ¿Es en su preocupación por las almas?
      b. ¿Es solo para impresionar a otros?

     c. ¿Es cuidadoso en no hacer que otros tropiecen?

     d. ¿En qué sentido queda su vida afectada por su interés por las almas?

  C. *La urgencia del mensaje y actitud de Pablo (2 Co. 6:1, 2)*

    1. Su mensaje y actitud estaban impulsados por su interés por las almas.

    2. Notemos su urgencia:

     a. Ahora es el tiempo aceptable.

     b. Ahora es el día de salvación.

    3. Cada día era un día de cosecha y de urgencia para Pablo.

    4. Pablo advirtió acerca de dejarlo para otro día.

     a. El rey Agripa: "Por poco me persuades".

     b. Félix: "Ahora vete, cuando tenga oportunidad te llamaré".

     c. Muchos posponen la salvación y se pierden.

III. Conclusión

  A. *Los resultados: Muchas almas fueron ganadas por el ministerio de Pablo*

  B. *La corona de gloria:*

    1. ¿Con quiénes se encontrará en las calles del cielo?

    2. ¿Quién estará allí gracias a que usted se interesó por él?

    3. ¿Qué es lo más importante en su vida?

    4. ¿Espera con gozo el día cuando se encuentre con los que ganó?

  C. *¿Está usted listo para el día del regreso de Cristo?*

  D. *¿Recibirá usted la corona de gozo?*

ESTORBOS PARA LA FE

Gálatas 5:7

I. Introducción

A. *Tres palabras tristes: "Vosotros corríais bien"*
  1. Hablan de bendiciones pasadas.
  2. Hablan de fracasos presentes.

B. *¿Cuáles fueron algunas de las bendiciones anteriores de los gálatas?*
  1. Su primer contacto con el evangelio (4:13).
  2. La recepción y el cuidado que le dieron al apóstol (4:14).
  3. Su amor por Pablo (4:15).
  4. Su anterior obediencia a la verdad (3:1).

C. *Estorbos que les llevaron a decaer*

II. Cuerpo

A. *El estorbo de los falsos maestros (1:1-9)*
  1. El saludo cariñoso de Pablo.
      a. Les confirma en su llamamiento (v. 1).
      b. Les deseaba gracia y paz a los creyentes (v. 3).
      c. La experiencia del evangelio (v. 4).
      d. Para Dios sea toda la gloria (v. 5).
  2. Los falsos maestros habían llegado para confundir a los gálatas.
      a. No estaban interesados en ganar a los perdidos.
      b. Perturbaban a los que ya habían confiado en Cristo.
      c. Eso también sucede hoy.
  3. Usa un lenguaje fuerte para condenar a los falsos maestros.
      a. Algunos pervertían el evangelio (v. 7).
      b. Sean anatema los que actúan así (v. 8).
  4. La naturaleza de la falsa enseñanza.
      a. Una mezcla de la ley y la gracia para la salvación.
      b. Enseñaban a los creyentes que tenían que guardar la ley.
  5. Pablo refuta esta falsa enseñanza (Gá. 2:15-21; 3:1-9).

B. *El estorbo de las peleas entre cristianos (5:15)*
  1. Morderse y devorarse unos a otros.
  2. Los creyentes deben mostrar amor, no odio.
      a. La prueba del discipulado (Jn. 13:35).
      b. "Amarás a tu prójimo como a ti mismo" (v. 14).
  3. Este fue el problema en Corinto (1 Co. 3:1-4).
      a. Las contiendas y las divisiones son marcas de carnalidad.
      b. Eso es seguir a los hombres y no a Cristo.

4. La amargura y los conflictos son obra de Satanás
(Stg. 3:14-16).
5. La paz entre los creyentes viene del Señor (Stg. 3:17, 18).
C. *El estorbo de los que se entregan a las obras de la carne*
(vv. 17-21)
1. El contraste entre las obras de la carne y el fruto del
Espíritu.
a. La batalla: La carne y el Espíritu.
b. La victoria: "Andar en el Espíritu".
2. Estamos rodeados por las obras de la carne.
a. Ansias de espectáculos y diversiones.
b. Titulares escandalosos de los periódicos.
3. Los creyentes no deben dejarse vencer por las obras de la
carne.
4. El fruto del Espíritu debe dominar en nosotros (5:22, 23).
a. El gozo de la vida llena del Espíritu.
b. El fruto del Espíritu honra a Cristo.

III. Conclusión
A. Sirvió alguna vez a Cristo mejor que como lo hace hoy
B. *¿Quién o qué le ha estorbado a usted?*
C. *Vuelva a rendirse totalmente a Cristo*

RAZONES PARA ALABAR AL SEÑOR

1 Pedro 1:1-7

I. Introducción

A. *Una carta de parte de Pedro*
1. Un hombre que tenía problemas con su temperamento.
2. Que tenía dificultades con las tentaciones.
3. Que tenía problemas con la lengua.
4. Conocer a Pedro bien es conocernos mejor a nosotros mismos.

B. *Una carta para los creyentes (v. 2)*

C. *Una carta que empieza con razones para alabar al Señor*

II. Cuerpo

A. *Dios nos ha dado una esperanza viva (v. 3)*
1. "Para una esperanza viva".
2. La condición de todas las personas sin Cristo.
   a. No tienen una verdadera esperanza (Ef. 2:12).
   b. Puede que tengan falsas esperanzas (Pr. 11:7).
3. Compare esto con la esperanza viva de Pedro.
   a. Cristo está vivo (Ro. 1:4).
   b. Nuestra salvación está garantizada (1 Co. 15:3-6).
   c. Tenemos asegurada una resurrección similar (1 Co. 15:20-23).

B. *Dios nos ha dado una herencia indestructible (v. 4)*
1. Pedro era el hijo de un modesto pescador.
2. Su herencia terrenal hubiera sido pequeña.
3. Lo había dejado todo para seguir a Cristo.
   a. Dejó incluso su pequeña herencia.
   b. Los familiares y amigos se quedarían asombrados.
   c. ¿Qué le pasa a Pedro?, preguntarían.
   d. ¿Es que no piensa para nada en el futuro?
4. Pedro se da cuenta ahora que le espera una gran herencia.
   a. Una herencia que es incorruptible, que no se descompone.
   b. Que no está contaminada; que es pura.
   c. Que es inmarcesible, que es inmarchitable.
   d. Que la tenemos reservada en los cielos.
5. Somos personas que perecen entre cosas que perecen.
6. En Cristo, no perecemos, ni tampoco nuestra herencia.

C. *Dios nos ha dado una protección completa de por vida (vv. 5-7)*
1. "Sois guardados por el poder de Dios".

      a. La palabra "guardar" que se usa aquí es un término militar.

      b. Somos guardados por el poder de Dios.

  2. Nuestro Dios cuida de nosotros cada día.

  3. Nos provee de poder para vencer la tentación.

  4. Incluso nuestras pruebas y aflicciones son temporales (v. 6).

      a. La prueba de nuestra fe es más preciosa que el oro.

      b. Sí, dificultades ahora, pero alabanza, gloria y honra cuando el Señor regrese.

III. Conclusión

  A. *Pedro bendice a Cristo (v. 3)*

    1. En razón de la esperanza viva.

    2. En vista de la herencia eterna.

    3. En base de su perfecta protección para toda la vida.

  B. *Son buenas razones para que nosotros también le alabemos*

  C. *¡Alabemos al Señor Jesucristo!*

LA EXHORTACIÓN DE CALEB

Números 13:30

I. Introducción

A. *Era un tiempo especial para los hijos de Israel*
1. Habían sido liberados de la esclavitud.
2. Liberados también por la sangre del cordero pascual.
3. Dios los había protegido y cuidado en su camino por el desierto.
4. Habían llegado al linde de la tierra prometida.

B. *Los espías y sus informes (vv. 26-29)*
1. Moisés había enviado doce espías a explorar la tierra.
2. Todos ellos dieron un buen informe acerca de la tierra.
3. Diez de ellos les cogieron miedo a la gente que vivía allí.

C. *Caleb les exhortó a seguir adelante sin demora*

II. Cuerpo

A. *Una exhortación a esperar armonía entre el pueblo de Dios*
1. "Hizo callar al pueblo delante de Moisés".
2. "Subamos a conquistar esa tierra" (NVI).
   a. Vio al pueblo moverse todo a una.
   b. No espera vacilación.
3. El pueblo de Dios es poderoso cuando actúa unido.
4. Ejemplos bíblicos de armonía entre el pueblo de Dios.
   a. "¡Cuán bueno y cuán delicioso es!" (Sal. 133).
   b. La iglesia primitiva y su poder (Hch. 1:14; 2:1).
5. Muchas iglesias decaen debido a las disensiones internas (1 Co. 3).
6. Dejemos que Dios sane las heridas y nos una.

B. *Una exhortación a esperar la mano de Dios entre su pueblo*
1. "Y tomemos posesión".
2. "Porque más podremos nosotros que ellos".
3. Esto no puede suceder si confiamos en nuestras propias fuerzas.
4. Somos imparables en el poder de Dios.
   a. Al esperar en Él nos renovamos en nuestras fuerzas (Is. 40:31).
   b. "Todo lo puedo en Cristo que me fortalece" (Fil. 4:13).
5. Caleb ve al pueblo seguir adelante en el poder de Dios.
   a. ¿Por qué no tener la misma visión en nuestra iglesia?
   b. Basta ya de esa actitud tímida e infiel.
   c. Creamos a Dios y sigamos adelante.

C. *Una exhortación a participar en la cosecha preparada para el pueblo de Dios*

1. Las muestras de los frutos que los espías trajeron con ellos (vv. 23, 24).
2. Caleb anhelaba probar de nuevo los frutos de Canaán.
3. Tenemos que tomar parte en la cosecha.
    a. Cuando lo hacemos, nuestros problemas quedan a un lado.
    b. Nos enfocamos en otros en vez de hacerlo en nosotros.
4. La cosecha está preparada (Jn. 4:35).
5. Las recompensas de la siega son muchas (Jn. 4:36).
6. Los obreros son pocos (Mt. 9:37).
7. Es una de las grandes oportunidades de la vida.

III. Conclusión

A. *El porqué Caleb pudo dar una exhortación tan poderosa*
    1. Otros vieron a los gigantes; Caleb vio al Señor.
    2. Otros vieron a grandes gigantes y un Dios pequeño.
    3. Caleb vio a un gran Dios y pequeños gigantes.

B. *Aceptemos la exhortación de Caleb*
    1. Nos espera una cosecha de almas.
    2. Podemos cosechar y reclamar nuevos territorios juntos.

LA MADRE DE TODOS NOSOTROS

I. Introducción

A. *El Día de la Madre y la maternidad*
1. La familia es parte del plan de Dios.
2. Dios estableció para los seres humanos el hogar, no la manada.

B. *Eva, la madre de todos los seres humanos (Gn. 3:20)*
1. Lecciones que aprendemos de la primera madre.
2. Eva: su esperanza, su angustia y su más grande felicidad.

II. Cuerpo

A. *La esperanza de una madre (v. 1)*
1. "Por voluntad de Jehová he adquirido varón".
2. Comprender la declaración de Eva requiere conocer el trasfondo.
3. La creación de Adán y Eva (1:26, 27; 2:18-25).
   a. Adán fue creado primero, del polvo de la tierra.
   b. A Eva la creó de una costilla de Adán.
      (1) Esta es la primera vez que hubo anestesia y cirugía.
      (2) De un costado de Adán; de cerca de su corazón.
4. El primer matrimonio.
   a. Dios unió a Adán y Eva para que fueran uno de por vida.
   b. Hueso de mis huesos y carne de mi carne (2:23).
   c. Bella imagen de Cristo y de la iglesia.
5. La tentación, la caída y la simiente prometida (3:15).
6. Eva pensó que Caín sería el primer hombre en herir a la serpiente.
7. Cristo es el que vendría y cumpliría la promesa.

B. *La angustia del corazón de una madre (v. 8)*
1. El alumbramiento fue una experiencia completamente distinta.
2. El gozo del nacimiento de aquel bebé.
   a. Sus primeras palabras y pasos.
   b. Las bendiciones de la maternidad.
3. Abel y las hijas seguirían pronto.
   a. Un hogar feliz lleno de amor.
   b. Caín se hizo un agricultor y Abel un pastor de ovejas.
4. Entonces llegó aquel día desgarrador: Caín mató a Abel.
5. No sabemos cómo Caín mató a Abel.
   a. Si fue un cuchillo, entró también en el corazón de Eva.

b. Si un garrote, golpeó también a Eva.

c. Nuestros pecados siempre afectan a los que amamos.

6. Las madres han derramado ríos de lágrimas por causa de hijos obstinados.

C. *La más grande felicidad de una madre (vv. 25. 26)*

1. ¿Pudo Eva olvidar la violencia de Caín?

2. ¿Pudo Eva olvidar la muerte de Abel?

3. No, pero podía recuperarse.

a. Dios nos ofrece amor renovador.

b. Su gracia es siempre suficiente.

4. Set nació como un sustituto de Abel.

5. Cristo vino a ser nuestro sustituto en la cruz.

6. Set trajo mucho gozo a Eva.

a. Enós, el hijo de Set fue motivo de renovación espiritual.

b. "Entonces los hombres comenzaron a invocar el nombre de Jehová".

III. Conclusión

A. *Dios se encuentra con nosotros donde estamos*

1. Se encontró con Eva en su dolor por causa de Caín y Abel.

2. Se encontrará con usted en sus momentos de dificultad.

B. *Dios se encuentra con madres en dificultades y las alienta*

C. *Dios busca a hijos obstinados y extraviados y los llama para que vayan a Él*

MARÍA, MARTA Y EL MAESTRO

Lucas 10:38-42

I. Introducción

A. *Los viajes de Jesucristo*
1. Le llevaron a menudo a Betania.
2. Al hogar de María, Marta y Lázaro.
3. Un lugar donde Jesús se sintió en casa.
4. ¿Se siente Jesús en casa en su hogar?

B. *La experiencia en Betania que nos describe a todos nosotros*
1. María sentada a los pies de Jesús.
2. Marta trabajando y quejándose.

II. Cuerpo

A. *María escuchaba (v. 39)*
1. "María, sentándose a los pies de Jesús, oía su palabra".
   a. Una postura de sumisión (Lc. 8:41).
   b. Una expresión de devoción (Jn. 12:3).
   c. Una lugar de paz (Lc. 8:35).
2. María es un ejemplo de un cristiano que aprende.
3. Es un ejemplo de un cristiano que adora.
4. Es un ejemplo de un cristiano que cultiva su tiempo devocional.
5. Debemos aprender a sentarnos a los pies de Jesús y escuchar.
   a. Sin eso no hay crecimiento.
   b. Sin eso nos vencerá la tentación.
   c. Sin eso nos hacemos carnales.

B. *Marta trabajaba (v. 40).*
1. "Marta se preocupaba con muchos quehaceres".
2. ¡Cuidado con la esterilidad de la mucha ocupación!
3. No debemos ser severos con Marta.
   a. Había trabajo que hacer.
   b. Jesús y sus discípulos tenían que ser alimentados.
   c. Otras responsabilidades estarían presionando.
4. Veamos lo que el trabajo sin adoración le hizo a Marta.
   a. La llevó a caer en el enojo.
   b. La llevó a hablar sin escuchar.
   c. La llevó a criticar a su hermana.
   d. La hizo dudar del amor de Cristo.
   e. La hizo caer en el desaliento.

C. *El amor del Maestro (vv. 41, 42)*
1. "Marta, Marta", comparar con otros versículos que expresan amor.

         a. "Simón, Simón", cuando era atacado por Satanás (Lc. 22:31).

         b. "Saulo, Saulo", en el camino a Damasco (Hch. 9:4).

    2. "Afanada y turbadas estás".

         a. Cristo mira dentro y ve un corazón preocupado.

         b. Él lo sabe todo acerca de nuestras inquietudes y preocupaciones.

         c. Debemos echar nuestra ansiedad sobre Él (1 P. 5:7).

    3. El olvido importante que Marta tuvo.

         a. La adoración es algo verdaderamente necesario.

         b. Demasiado a menudo dejamos a un lado lo más importante.

         c. El trabajo debe estar equilibrado con el escuchar a Cristo.

III. Conclusión

    A. La ganancia perdurable de María (v. 42)

        1. "María ha escogido la buena parte".

        2. "La cual no le será quitada".

    B. ¿Qué es lo más necesario en su vida?

    C. Lo encontrará escuchando a los pies de Jesús

HAGA LO QUE PUEDA

Marcos 14:8

I. Introducción
 A. *El Señor Jesús se hallaba en la casa de un leproso (vv. 1-3)*
  1. Aquellos eran días peligroso.
   a. Tramaban eliminar a Cristo durante la Pascua.
   b. Los sacerdotes y los escribas se contenían por causa del pueblo.
  2. Jesús se hallaba invitado en la casa de Simón el leproso.
  3. Le gustaba estar con los marginados de la sociedad.
 B. *La mujer y su perfume de mucho valor*
  1. Cuando damos lo que tenemos a Cristo salimos bendecidos.
  2. Darlo todo a Jesús trae también críticas (vv. 4, 5).
 C. *La mujer es elogiada: "Esta ha hecho lo que podía"*
  1. Es un buen ejemplo para todos nosotros.
  2. ¿Qué puede usted hacer?

II. Cuerpo
 A. *Haga lo que pueda para edificar su fe (1 Jn. 5:4)*
  1. Somos vencedores por medio de la fe.
  2. Somos tan eficaces y efectivos como nuestra fe nos lleva a ser.
  3. Dedique tiempo a desarrollar una fe fuerte.
   a. Dedique tiempo a leer la Biblia a diario (Ro. 10:17).
   b. Dedique tiempo a orar (Mr. 11:22-24).
   c. Dedique tiempo a estar a solas con Dios (Mr. 14: 32-41).
  4. Ejercite sus dones y talentos siendo activo en su iglesia.
  5. Ejercite su fe y crecerá.
  6. Tenga la seguridad de que Dios no le fallará.
 B. *Haga lo que pueda para edificar a otros creyentes (Ro. 14:19)*
  1. Estamos para edificarnos unos a otros.
  2. No se enfoque en las faltas de otros creyentes.
   a. Nunca hable negativamente de ellos.
   b. Busque lo mejor en ellos.
   c. Los cristianos no son perfectos... solo son personas perdonadas.
  3. No haga que otros caigan (14:21).
   a. Considere a los miembros débiles de la familia de Dios.
   b. Permita que el amor por ellos gobierne su conducta.
  4. Cuando otros han sido vencidos, restáurelos (Gá. 6:1).
  5. Llevar los unos las cargas de los otros (Gá. 6:2).
  6. Sea un ejemplo para otros creyentes (1 Ti. 4:12).

        a. Un ejemplo en palabra, en conducta, en amor.

        b. Un ejemplo en espíritu, en fe, en pureza.

  C. *Haga lo que pueda para edificar el cuerpo de Cristo*
     (Ef. 4:11-16)

    1. Se edifica mediante la enseñanza.

       a. ¿Tiene usted habilidad para enseñar?

       b. ¿Está usando su don en la iglesia?

    2. Se edifica por medio del amor.

       a. Hablando con amor.

       b. Dando con amor.

       c. Alentando con amor.

    3. Se edifica mediante el evangelismo.

       a. "Para la edificación del cuerpo de Cristo".

       b. Testifiquemos del evangelio cada día.

III. Conclusión

  A. *Hagamos lo que podamos por Cristo*

  B. *Podemos contribuir significativamente a la iglesia y al*
     mundo

  C. *Sus palabras: "Bien, buen siervo y fiel" harán que todo*
     esfuerzo merezca la pena

EL DESTERRADO VUELVE A CASA

2 Samuel 14:14

I. Introducción

A. *Absalón, el hijo de David, estaba desterrado*
  1. Todo tuvo su origen en el pecado (2 S. 13:1-18).
    a. Amnón, hijo de David, abusó de su hermana Tamar.
    b. Dos años después Absalón mata a Amnón (13:21-39).
  2. Habían pasado tres años de destierro para Absalón.
  3. David anhelaba en secreto la reconciliación con Absalón.
B. *Joab el pacificador (14:1-13)*
  1. Joab buscó a una mujer astuta de Tecoa para que le ayudara.
  2. Esta mujer buscó audiencia con el rey y le contó una historia inventada.
    a. Uno de los hijos había matado a otro hijo.
    b. Ella quería perdonar y restaurar al culpable.
    c. David simpatiza con su situación y se ofrece a ayudarla.
    d. Ella entonces le hace ver a David que él necesita perdonar.

II. Cuerpo

A. *Los desterrados de Dios (v. 14)*
  1. Las palabras de una mujer sabia.
    a. Phillipson: "Esta es una de las más nobles y profundas declaraciones de las Escrituras".
    b. Sus palabras declaran la gracia de Dios para todos nosotros.
  2. "Porque de cierto morimos" (Ro. 6:23; He. 9:27).
  3. "Somos como aguas derramadas por tierra".
  4. Todos sufrimos los efectos del pecado.
    a. Hay una referencia a los desterrados del Edén.
    b. Todos somos los desterrados de Dios (Ro. 5:12).
  5. No se necesita ningún pecado más para estar desterrados para siempre (Jn. 3:17).
B. *Dios provee medios para que sus desterrados regresen (v. 14)*
  1. Dios no hace acepción de personas.
    a. Pedro lo confirma (Hch. 10:34).
    b. La salvación está disponible para todos (Ro. 10:13).
  2. Dios ha provisto la manera en que sus desterrados pueden volver.
  3. James M. Gray: "No permita que las bellas palabras del versículo 14 se le escapen.
    ¡Indican claramente el amor de Dios por nosotros en

Jesucristo! Él es el medio provisto por Dios para que no seamos desterrados de su presencia!"

4. Cristo vino a buscar y salvar lo que se había perdido (Lc. 19:10).

5. La muerte de Cristo en la cruz en el medio de nuestra salvación.

   a. Cristo murió: "el justo por los injustos" (1 P. 3:18).

   b. La meta: "Para llevarnos a Dios" (3:18).

C. *El desterrado regresó a casa para una comunión completa (v. 14)*

1. El rey David prestó atención a las palabras de aquella mujer.

   a. Se dio cuenta de que Joab había arreglado las cosas (v. 19).

   b. Le ordenó a Joab que hiciera volver a Absalón (v. 21).

2. Absalón fue llevado de regreso a Jerusalén (v. 23).

   a. Fue llevado a su propia casa (v. 24).

   b. No vio el rostro de David su padre por dos años (v. 24).

3. La gracia de nuestro Dios es muy superior a la de David.

   a. Entramos en perfecta comunión con Él desde el momento de nuestra salvación.

   b. No espere para ser salvo: "hoy es el tiempo aceptable, es el día de salvación" (2 Co. 6:1, 2).

III. Conclusión

A. *Los desterrados regresan a casa para quedarse allí*

1. Al recibir a Cristo por la fe llegamos a ser parte de la familia de Dios (Jn. 1:12).

2. Tenemos vida eterna (Jn. 5:24).

B. *Responda al llamamiento de Dios y regrese al hogar ahora mismo*

UN LLAMAMIENTO A RECORDAR

I. Introducción

  A. *El Día de los Héroes Nacionales: Un día para recordar*

    1. Dedicado para recordar a los que murieron por la patria.

    2. También recordamos a todos nuestros amados que fallecieron.

  B. *La Biblia y los recuerdos*

    1. Josué levantó amontonó unas piedras para recordar el cruce del Jordán (Jos. 4:9).

    2, Jesús dijo a sus discípulos que recordaran sus palabras (Jn. 15:20).

    3. En la cena del Señor recordamos la muerte de Cristo por nosotros (1 Co. 11:23).

  C. *Dios mandó a su pueblo que recordara*

II. Cuerpo

  A. *Recordemos la dirección del Señor (vv. 1, 2)*

    1. "Y te acordarás de todo el camino por donde te ha traído Jehová tu Dios".

    2. Israel había estado allí antes y dudó.

      a. Estos les llevó a cuarenta años de vagar por el desierto.

      b. Cuarenta años de humillación.

      c. Cuarenta años de aprender que Dios dirige a su pueblo.

      d. Cuarenta años de aprender que la palabra de Dios es verdad.

    3. El país ha pasado por muchos momentos difíciles.

      a. Tiempos cuando el futuro de la libertad no estaba asegurado.

      b. Tiempos cuando las libertades básicas estuvieron amenazadas.

      c. Tiempos cuando enemigos extranjeros amenazaban.

      d. Tiempos cuando los problemas domésticos parecían demasiado difíciles de resolver.

    4. Dios ha dirigido la nación a través de tiempos oscuros.

      a. Logramos triunfar sobre nuestros enemigos.

      b. Tiempos de renovación nos vinieron de parte del Señor.

      c. Necesitamos una renovación espiritual de nuevo.

  B. *Recordemos la disciplina del Señor (vv. 5, 6)*

    1. "Reconoce [recuerda] asimismo en tu corazón".

      a. Un padre castiga a sus hijos.

      b. Dios a veces castiga a las naciones.

    2. Dios castigó a Israel.

      a. Sus dudas le costó cuarenta años de vagar por el desierto.

      b. Una generación se perdió el entrar en la Tierra Prometida.

    3. Dios todavía disciplina a los que ama (He. 12:6).

      a. ¿Por qué deberían recordar los cristianos esto?

      b. ¿Es importante que como ciudadanos lo recordemos?

    4. ¿Qué es lo que está sucediendo en nuestro país que podría traernos el castigo de Dios?

      a. ¿Qué acerca de la tragedia del aborto?

      b. ¿Qué acerca de la tragedia del alcohol y de las drogas?

      c. ¿Qué acerca de la catástrofe moral?

    5. Un llamamiento a recordar y a arrepentirnos antes de que nos caiga el castigo.

  C. *Recordemos la fidelidad del Señor (vv. 7-20)*

    1. "Sino acuérdate de Jehová tu Dios" (v. 18).

      a. Nos da el poder para hacer riquezas.

      b. Nos confirma su pacto.

    2. ¿Cómo el Señor fue fiel para con Israel?

      a. El maná como alimento (v. 3).

      b. Vestido y salud (v. 4).

    3. Dios ha sido fiel con nuestro país.

      a. Con abundantes cosechas y muchos bienes.

      b. Protección en las guerras; las bendiciones de la libertad.

III. Conclusión

  A. *Un llamamiento a recordar y ser agradecidos*

  B. *Un llamamiento a recordar, arrepentirnos y volvernos al Señor*

¿HAMBRE?

Amós 8:11

I. Introducción

A. *El hambre es casi desconocida en los países ricos*
1. Han sido bendecidos más allá de lo imaginable.
2. Son la envidia del mundo.
3. Las condiciones pueden cambiar.
   a. Recordemos los siete años de hambruna en Egipto.
   b. Solo José (un hombre de Dios) salvó a aquella nación.

B. *El hambre de la que habla este versículo es diferente*
1. Es hambre de la Palabra de Dios.
2. También en estos estamos acostumbrados a la abundancia.
3. Con todo, el hambre puede venir a través de la indiferencia.
   a. Hay evidencias de tal indiferencia.
   b. Pocas iglesias crecen por medio del evangelismo.
   c. Pocos cristianos llevan la Palabra de Dios a su mundo de vida y actividad.

C. *¿Qué significaría tener hambre de la Palabra de Dios?*

II. Cuerpo

A. *Una nación sin la Biblia carece de libertad (Jn. 8:32)*
1. "Y conoceréis la verdad, y la verdad os hará libres".
2. "Es imposible esclavizar a personas que leen la Biblia", dijo Horace Greely.
3. No sorprende que los tiranos odien la Biblia.
4. La historia revela que la Biblia trae libertad.
   a. La historia de la fundación de las naciones libres.
   b. Las iglesias han sido guardianas de la libertad.
5. Una sólida predicación bíblica nos mantiene alerta al valor de la libertad.
6. Los que leen la Biblia mantienen viva la libertad en la vida diaria.

B. *Una nación sin la Biblia es un país sin fundamentos (Mt. 7:24-29)*
1. La vida del pueblo edificada sobre los fundamentos de la Biblia.
   a. La Palabra de Dios provee de un sólido fundamento.
   b. Al estar edificados sobre la Biblia resistimos las tormentas de la vida.
2. Aparte de la Biblia no hay absolutos.
   a. Todo es entonces relativo.
   b. Nadie sabe lo que es bueno o malo.
3. La Biblia nos provee de un compás moral.

      a. Un compás moral para los individuos.
      b. Un compás moral para cualquier nación.
    4. Debemos regresar a la Biblia.
      a. Descuidar la Biblia es hacer que el alma pase hambre.
      b. Los resultados son iguales a sufrir una hambruna.
  C. *Una nación sin la Biblia es un país sin fe (Ro. 10:17)*
    1. Pablo describe este problema en su propia nación
      (Ro. 10:1-4).
      a. Tenían celo por Dios, pero no según conocimiento.
      b. Eran ignorantes de la justicia de Dios.
    2. La Biblia transmite semillas de fe.
      a. La fe viene por el oír y el oír por la Palabra de Dios.
      b. Somos nacidos de simiente incorruptible (1 P. 1:23).
    3. Descuidar la Biblia es como tener hambre de la Palabra de
      Dios.
    4. Una gran riqueza nacional se encuentra en la fe del
      pueblo.

III. Conclusión
  A. *¿Está usted hambriento por la Palabra de Dios?*
  B. *Devórela mientras que está disponible*
  C. *Dé a conocer las Escrituras y evite una hambruna nacional*

LO QUE DIOS QUIERE HACER EN SU VIDA

Filipenses 1:6

I. Introducción

    A. *¿Qué quiere usted hacer con su vida?*

        1. La mayoría tiene esperanzas y sueños.

        2. Algunos tienen planes e intrigas.

        3. Otros tienen deseos egoístas y otros anhelan ayudar a los demás.

    B. *¿Qué quiere Dios hacer en su vida?*

        1. Una pregunta más importante.

        2. Una que tiene tanto dimensiones temporales como eternas.

        3. ¿Cuál es la respuesta a esta pregunta?

II. Cuerpo

    A. *Dios quiere hacer una obra en su vida*

        1. "El que *comenzó* en vosotros".

            a. Esto es sorprendente, pero cierto.

            b. Dios quiere obrar en la vida de los pecadores.

            c. Esto es gracia admirable lista para actuar en nosotros.

        2. Esto es lo opuesto de lo que por naturaleza queremos.

            a. Queremos alcanzar las estrellas.

            b. Queremos alcanzar el éxito financiero.

            c. Queremos escalar lo más alto.

        3. Dios quiere descender a lo más bajo.

            a. Encontrarse con el pecador y transformarlo.

            b. Sellar al individuo y hacerle su posesión preciosa.

        4. Dios le invita a que se convierta en su hijo por la fe (Jn. 1:12).

        5. Él quiere empezar hoy su obra de reconstrucción en usted.

    B. *Dios quiere empezar una buena obra en su vida*

        1. "El que comenzó en vosotros la BUENA obra".

        2. La obra de Dios en nosotros no parece buena al principio.

            a. Empieza haciéndonos conscientes de nuestros pecados (Ro. 3:10-23).

            b. Pronto aprendemos que nuestras mejores obras carecen de mérito (Is. 64:6).

            c. Nos damos cuenta de que lo único que hemos ganado es la muerte (Ro. 6:23).

        3. La gracia de Dios nos trae esperanza.

     a. Dios nos ama: Cristo murió por nosotros.

     b. Vamos de la convicción a la conversión.

    4. La fe en Cristo nos trae muchas buenas cosas:

     a. Perdón de los pecados.

     b. Justificación.

     c. Seguridad del cielo.

     d. Al Espíritu Santo que mora en nosotros.

     e. Un propósito para vivir: la gloria de Dios.

C. Dios quiere realizar una obra permanente en su vida

    1. "La perfeccionará hasta el día de Jesucristo".

    2. Pablo estaba "seguro" que esta buena obra permanecería.

    3. Resumiendo la obra de Dios en los creyentes:.

     a. Dios empieza su obra (v. 6).

     b. Él continúa su obra (2:13).

     c. Dios completa su obra (3:20-21).

    4. La vida eterna es verdaderamente vida eterna (1 Jn. 5:13).

III. Conclusión

A. ¿Ha sentido que Dios ha empezado su obra en usted?

    1. ¿Se siente convencido de pecado en su corazón?

    2. ¿Es consciente del amor de Dios por usted?

    3. ¿Está dispuesto a venir a Cristo por fe?

B. La buena obra de Dios puede empezar en su vida hoy

UN ASUNTO DE VIDA O MUERTE

Filipenses 1:10-26

I. Introducción

A. *La vida y la muerte nos esperan cada día*
1. Dios tiene en su mano nuestra vida (Dn. 5:23).
2. Todos tenemos una cita con la muerte (He. 9:27).
3. El joven puede morir; el anciano debe morir (Ro. 5:12).

B. *Necesitamos estar listos para vivir o morir*

C. *Pablo estaba listo*

II. Cuerpo

A. *El objetivo de Pablo, muerto o vivo (v. 20)*
1. "Será magnificado Cristo en mi cuerpo".
2. Esta no había sido siempre la meta de Pablo.
   a. Hubo un tiempo es que se sentía muy orgulloso de su herencia familiar.
   b. Había sido un fariseo... un líder religioso.
   c. Su promoción en el judaísmo había sido su pasión.
   d. Había odiado a Cristo y perseguido a la iglesia.
3. Su encuentro con Cristo en el camino de Damasco lo había cambiado todo (Hch. 9).
4. Pablo sufría ahora gran persecución por la causa de Cristo.
   a. Había sido apedreado, azotado, y sufrido naufragio.
   b. Había sido encarcelado; algunos habían tratado de matarlo.
   c. Aceptó el sufrimiento para honrar a Cristo (2 Co. 4:7-18).
5. Pablo llegó a considerar todo como pérdida en comparación con Cristo (Fil. 3:7-10).
6. Exaltar (magnificar) a Cristo era la meta de la vida de Pablo.
7. ¿Cuál es su objetivo, su meta?

B. *La seguridad de Pablo, muerto o vivo (vv. 21, 22)*
1. "Vivir es Cristo, y el morir es ganancia".
2. Pablo estaba convencido de que no podía perder.
   a. Si vivía, gozaría de su salvación.
   b. Si moría, gozaría del cielo.
   c. Tenía una poliza de seguro doble.
   d. ¿La tiene usted?
3. La seguridad de Pablo para vivir: Cristo.
   a. Cristo sería su consolación (2:1).
   b. Cristo sería su ejemplo (2:5-7).
   c. Cristo le capacitaría siempre para regocijarse (3:1).

       d. Cristo le habilitaría para hacer todas las cosas (4:13).

       e. Cristo supliría todas sus necesidades (4:19).

    4. La seguridad de Pablo frente a la muerte: ganancia.

    5. Pablo encontró que le era difícil elegir.

  C. *Lo que Pablo anticipaba, muerto o vivo (vv. 23-26)*

    1. "Porque de ambas cosas estoy puesto en estrecho".

    2. El primer deseo de Pablo era partir y estar con Cristo.

       a. Él sabía que esto era lo mejor.

       b. Los gozos del cielo le atraían.

       c. Anhelaba ver a su Salvador.

    3. Pablo estaba también deseoso de seguir sirviendo a Cristo.

       a. "Pero quedar en la carne es más necesario por causa de vosotros".

       b. Se podía gozar en la posibilidad de seguir sirviendo.

       c. Encontró gozo en anticipar la edificación de la iglesia.

III. Conclusión

  A. *Otro asunto de vida o muerte*

    1. ¿Está usted preparado para vivir? ¿Para morir?

    2. Nadie está listo para vivir hasta que no lo está para morir.

    3. ¿Está usted listo?

  B. *Usted puede tener la misma confianza acerca de la vida y la muerte como Pablo*

EL PREMIO

Filipenses 3:13, 14

I. Introducción

A. *La mayoría estamos interesados en premios (v. 13)*
1. Los premios representan recompensas.
2. Algunos son merecidos y otros no lo son.

B. *Pablo estaba interesado en un premio de gran valor*
1. Un premio que Cristo daría a los fieles.
2. Un premio de mucho más valor que todas las recompensas terrenales.

C. *El empeño de Pablo por el premio*

II. Cuerpo

A. *El pasado de Pablo y el premio (v. 13)*
1. "Olvidando ciertamente lo que queda atrás".
2. Pablo estaba determinado a que su pasado no le estorbara.
3. Él lamentaba algunas cosas en su pasado:.
   a. Su antigua confianza en la carne (vv. 4, 5).
   b. Su odio a Cristo.
   c. Su persecución de la iglesia (v. 6).
4. Algunas cosas en su pasado que podían haberle llenado de orgullo.
   a. Sus logros en el ministerio.
   b. Las muchas iglesias que había fundado.
   c. Sus sufrimientos como misionero.
5. Podía haber sentido que ya había hecho suficiente.
6. Esta dispuesto a no mirar hacia atrás, pues el premio estaba delante.

B. *La pasión de Pablo por el premio (v. 13)*
1. "Extendiéndome a lo que está delante".
2. Pablo se esforzaba por alcanzar lo que estaba delante.
   a. Aprovechaba toda oportunidad para servir.
   b. Pablo sentía que debía entregarse por completo.
   c. Este no era tiempo de ser indiferente.
   d. Las almas estaban perdidas; había nuevas regiones que alcanzar.
3. La pasión de Pablo era llevar a cabo la voluntad de Dios en su vida.
   a. El propósito que Dios tenía para él cuando le salvó.
   b. Se esforzaba con todas sus fuerzas por alcanzar esa meta.

C. *Pablo proseguía a la meta, al premio (v. 14)*
1. "Prosigo a la meta".

2. ¿Cuál era la meta, el objetivo?
   a. El ejemplo que Cristo nos había puesto (1 P. 2:21).
   b. Pablo quería ser como Jesucristo.
3. Ese es el propósito de Dios para nuestra vida.
   a. Es incluso la razón para los sucesos de nuestra vida (Ro. 8:28, 29).
   b. El objetivo de las Escrituras es la transformación de nuestra vida.
4. ¿Cuándo se recibirá el premio?
   a. Cuando Dios pase lista en el cielo y los libros sean abiertos.
   b. Cuando Cristo regrese sus siervos serán recompensados.
   c. El Señor traerá el premio con Él (Ap. 22:12).

III. Conclusión

A. *¿Cuánto piensa usted en sus recompensas eternas?*
B. *¿Cuán enfocado está usted en el premio?*
C. *¿Qué es lo que le estorba en su búsqueda?*
D. *¿Mira usted hacia el futuro al supremo llamamiento de Dios en Cristo Jesús?*

LA AÑORANZA DEL HOGAR

Filipenses 3:20, 21

I. Introducción

A. *No hay ningún lugar como el hogar*
   1. Las reuniones familiares nos hacen sentir el hogar.
   2. El ir a la iglesia nos ofrece un sentido de hogar.
   3. El gozo y la bendición de ir al hogar.

B. *Este mundo no es nuestro hogar.*
   1. No nos sorprende que a veces añoremos el hogar.
   2. No estamos en el hogar.

C. *Pablo nos invita a que miremos hacia nuestro hogar*

II. Cuerpo

A. *El cielo es nuestro hogar (v. 20)*
   1. "Mas nuestra ciudadanía está en los cielos".
   2. No somos ciudadanos de la tierra que tratan de ir al cielo.
   3. Somos ciudadanos del cielo que peregrinamos por esta tierra.
   4. Lo que esto significó para los filipenses.
      a. Filipos era una colonia romana.
      b. La ciudadanía romana se les otorgaba a todos los que nacían allí.
      c. Los filipenses podían decir: "Soy un ciudadano romano".
      d. Los creyentes filipenses podían decir que ellos eran ciudadanos del cielo.
   5. Nosotros representamos al cielo mientras que estamos en la tierra.
      a. Seamos buenos embajadores de nuestro Rey (2 Co. 5:20).
      b. Otros juzgarán a nuestro Rey por la manera en que vivimos.
   6. Cuando nacemos por primera vez nos convertimos en ciudadanos de un país.
   7. Cuando nacemos de nuevo nos convertimos en ciudadanos del cielo.

B. *Nuestro Rey está en el cielo (v. 20)*
   1. "De donde esperamos al Salvador".
   2. El Señor Jesucristo es nuestro Rey.
      a. Él descendió del cielo (Jn. 3:13).
      b. Prometió preparar morada para nosotros en el cielo (Jn. 14:1-3).
      c. Ascendió a los cielos (Hch. 1:9-11).
   3. Tenemos una gran inversión en el cielo.
      a. Nuestra ciudadanía está allí.

b. Nuestro Rey está allí.

c. Nuestra herencia está allí (1 P. 1:4).

C. *Nuestro Rey va a regresar para llevarnos al cielo (vv. 20, 21)*

1. Deberíamos vigilar esperando su venida.

   a. Esperar su venida purifica nuestra vida (1 Jn. 3:1-3).

   b. Esperar su venida añade esperanza a la vida (Tit. 2:13).

2. Cristo volverá y resucitará a los cristianos fallecidos (1 Ts. 4:14).

3. Cristo volverá y seremos transformados (1 Co. 15:51, 52).

   a. "Los muertos serán resucitados incorruptibles".

   b. Nuestro cuerpo será como el de Cristo (1 Jn. 3:1, 2).

4. Este milagro está dentro del poder ilimitado de Cristo.

   a. La resurrección de su cuerpo demostró este poder.

   b. Él está en control de todas las cosas.

III. Conclusión

A. *Los buenos ciudadanos del cielo influyen para Cristo a los ciudadanos de la tierra*

   1. Tenemos un mundo que ganar para Cristo (Mt. 28:18-20).

   2. Tenemos el mensaje de Dios que salva (Hch. 4:12).

B. *Esperar la venida de Cristo añade urgencia a nuestra tarea*

CÓMO LIMPIAR NUESTRA VIDA

Salmo 119:9-11

I. Introducción

A. *Aquí tenemos un texto con una pregunta vital*
   1. ¿Cómo podemos comparecer limpios delante de Dios?
   2. Muchos han hecho esta pregunta.
   3. ¿Cuál es la respuesta?

B. *El salmista nos da a conocer su búsqueda y solución*

II. Cuerpo

A. *El deseo del salmista (v. 9)*
   1. "¿Con qué limpiará el joven su camino?"
   2. Él quiere estar limpio.
      a. Está cansado del pecado.
      b. Está aburrido de resoluciones incumplidas.
   3. ¿Se puede identificar usted con ese deseo?
      a. ¿Se ha visto a sí mismo confesando los mismos pecados?
      b. ¿Anhela una victoria diaria?

B. *Las Escrituras como un detergente (v. 9)*
   1. "Con guardar tu palabra".
   2. La sangre de Cristo nos limpia posicionalmente.
   3. La Biblia nos sirve para limpiar nuestra vida.
      a. "Ya vosotros estáis limpios por la palabra que os he hablado" (Jn. 15:3).
      b. "En el lavamiento del agua por la palabra" (Ef. 5:26).
   4. Vivimos en el tiempo de detergentes poderosos.
      a. Hay algo para limpiar cualquier cosa sucia.
      b. No hay mancha que se resista a los modernos productos de limpieza.
   5. No hay pecado demasiado obstinado para que la Biblia lo limpie.
   6. La lectura diaria de la Biblia es vital para la victoria continua sobre el pecado.

C. *La decisión del salmista (v. 10)*
   1. "Con todo mi corazón te he buscado".
   2. Oye y presta atención al mensaje para limpiar su vida.
   3. Responde con "todo su corazón".
      a. Nada de hipocresía.
      b. Sin reservas de ninguna clase.
   4. Dios nos llama a que nos rindamos en lo más profundo del ser.
      a. En amor por Dios (Dt. 6:5).
      b. En fe para salvación (Ro. 10:9-13).

D. *La defensa del salmista (v. 11)*
   1. "En mi corazón he guardado tus dichos".
   2. Spurgeon: "Ninguna cura contra el pecado se puede comparar a la Palabra en el corazón.
      No hay manera de protegerse del pecado si no guardamos la palabra en nuestra alma".
   3. El salmista no quiere volver a caer en la trampa del diablo.
      a. Quiere victoria total.
      b. Se arma con la espada del Espíritu.
   4. Spurgeon: "Cuando guardamos la Palabra en el corazón la vida estará guardada del pecado".

III. Conclusión
   A. *¿Anhela usted estar limpio?*
   B. *¿Está usando el detergente divino?*
   C. *El pecado le alejará de la Biblia*
   D. *La Biblia le alejará del pecado*

PERMANEZCAMOS EN CRISTO

Juan 15:1-11

I. Introducción

A. *Jesucristo usa cosas familiares para explicar misterios*
1. Promesas de moradas, el Espíritu, paz.
2. El pan, la luz, la puerta.
3. El buen pastor; el camino, la verdad, la vida.

B. *La vid y los pámpanos*
1. "Permanecer" aparece ocho veces en estos versículos.
2. Él está (mora, permanece) en nosotros (Ap. 3:20; Col. 1:16).
3. Nosotros permanecemos en Él (vv. 4-8).

C. *Los beneficios de permanecer en Cristo*

II. Cuerpo

A. *Permanecer en Él hace nuestras oraciones eficaces (v. 7)*
1. La oración ferviente y eficaz del justo... (Stg. 5:16).
2. El pecado en el corazón dificulta la oración (Sal. 66:18).
3. La importancia de una vida de oración consistente.
   a. En tiempos de prueba.
   b. Cuando la enfermedad agobia a nuestros hijos.
   c. Cuando la crisis económica parece inminente.
   d. Cuando escasea la salud y desaparecen las fuerzas.
4. Permanecer en Él está relacionado con una vida de oración fiel.
5. No siempre tenemos tiempo para estar listos para las emergencias.

B. *Permanecer en Él hace que nuestro fruto sea perenne (v. 8)*
1. Es la garantía de cosechas continuas.
   a. Se amplía este pensamiento en versículos 15-17.
   b. Elegidos para llevar fruto (v. 16).
   c. Para que este fruto permanezca (v. 16).
2. Estos incluye el fruto del Espíritu (Gá. 5:22, 23).
3. También incluye rica cosecha en el testimonio.
   a. La consistencia incrementa el número de convertidos.
   b. Otros están observando nuestro fruto.
4. El fruto del Espíritu en cada reacción durante el día.
5. Puede que a veces no seamos conscientes del fruto que damos.
   a. Moisés descendió del monte Sinaí con su rostro res-plandeciendo.
   b. No era consciente de lo que estaba sucediendo.

C. *Permanecer en Él hace que nuestro gozo sea celestial (v. 11)*

1. La obediencia terrenal trae gozo celestial.
2. "Por el gozo puesto delante de él" (He. 12:2).
3. Pablo y Silas tuvieron gozo incluso en la cárcel (Hch. 16: 25-32).
   a. Gozo celestial en un calabozo.
   b. Gozo celestial con sus espaldas azotadas y sangrando.
   c. Gozo celestial a medianoche.
   d. Gozo celestial que causó un terremoto.
4. Los creyentes son ejemplos en la tierra del gozo del cielo.
5. Este gozo permanece en nosotros.
6. Este es el "gozo cumplido [completo, perfecto]".

III. Conclusión

A. *Llamados a una vida que permanece*
   1. Mediante la confesión de todo pecado.
   2. Por medio de la constante comunión con Cristo.
B. *Todas estas bendiciones están en aquel que nos llamó amigos (v. 15)*
C. *Permanecer en Cristo es una relación más íntima que las que los amigos terrenales pueden jamas tener*

LA ORACIÓN DEL SEÑOR

Mateo 6:9-15

I. Introducción
A. *Setenta y una palabras bien familiares*
1. Citadas por millones de personas.
2. A veces recitadas por muchas voces juntas.
3. A veces a solas en un rincón íntimo.
B. *Por qué tenemos la oración modelo de Cristo*
1. En respuesta al ruego de los discípulos: "Enséñanos a orar".
2. Quizá debería ser llamada "La oración de los discípulos.
C. *¿En qué consiste esta oración modelo?*

II. Cuerpo
A. *Una oración que nos llama a la relación con el Padre*
1. "Padre nuestro".
2. ¡Qué palabras tan tiernas!
   a. Los muchos recuerdos que nos trae la palabra "padre".
   b. "Padre de huérfanos" (Sal. 68:5).
   c. "Como el padre se compadece de los hijos" (Salmo 103:13).
   d. "Padre eterno" (Is. 9:6).
3. Solo el creyente puede llamarle a Dios "Padre".
4. Jesucristo vino para llevar a las personas a la familia de Dios.
5. John R. Rice: "Nuestra posición como hijos nacido de nuevo con un Padre amoroso debería darnos seguridad y osadía en nuestra vida de oración".
B. *Una oración que nos llama a la reverencia hacia Dios*
1. "Santificado sea tu nombre".
2. Debemos acercarnos a Dios con adoración y reverencia.
3. Reverencia es algo más que estarse quieto en el templo.
4. Reverencia es algo más que estar solemne durante el preludio.
5. Reverencia es reconocer la santidad de Dios (Is. 6:1-6).
6. Reverencia es el reconocimiento de nuestro pecado personal.
7. Reverencia es fe en nuestro Dios santo y amoroso.
8. Reverencia es vivir cuidando de nuestro testimonio porque Dios es santo.
C. *Una oración que espera el regreso de Cristo*
1. "Venga tu reino".
2. Orar de esta manera es orar por el regreso de Cristo.

a. Los discípulos esperaban la venida del reino en su sentido pleno.

b. Pensaban que el mundo estaba listo.

c. El mundo está ahora más listo que entonces.

3. Cristo vendrá y establecerá su reino.

a. Habrá paz en toda la tierra.

b. La tierra se llenará con el conocimiento del Señor.

c. La enemistad entre las personas y los animales terminará.

d. El desierto florecerá como una rosa.

e. La tierra producirá cosechas abundantes.

4. Cada Santa Cena apunta hacia la venida del reino.

III. Conclusión

A. *¡Qué maravilloso modelo de oración!*

1. ¿Puede usted orar como el Señor nos enseñó?

2. ¿Es usted uno de sus hijos? (Jn. 1:12).

B. *¿Está usted preparado para el regreso de Cristo?*

LA ÚLTIMA ORACIÓN EN LA BIBLIA

Apocalipsis 22:20

I. Introducción

A. *La última invitación en la Biblia (22:17)*
1. Una invitación para que todos vayamos a Cristo.
2. Un llamamiento para que todos oremos diciendo: "Ven, Señor Jesús".

B. *La última oración en la Biblia es también una invitación a "venir"*
1. No una invitación a ir a personas o instituciones, sino a Cristo.
2. Debería estar siempre en los labios de todo cristiano.

C. *¿Cuál es la última oración en la Biblia?*

II. Cuerpo

A. *Una oración por el regreso inmediato de Cristo*
1. "Amén; sí ven".
2. Una respuesta a: "Ciertamente vengo en breve".
3. Esta oración empieza con "Amén".
4. Una oración que acepta por fe la segunda venida de Cristo.
5. Todas las cosas acerca de Cristo deben ser aceptadas por fe.
   a. Los profetas del Antiguo Testamento miraban hacia Él con fe.
   b. Su nacimiento, muerte y resurrección se cumplieron.
6. Tenemos la promesa de que la venida del Señor será repentina (Mt. 24:37-44).
   a. "Velad, pues" (Mt. 25:13).
   b. "En un momento" (1 Co. 15:51, 52).

B. *Una oración por la interrupción de nuestros planes presentes*
1. "Ven".
2. Todos hacemos planes para el futuro.
   a. Lugares a donde queremos ir.
   b. Cosas que planeamos conseguir.
   c. Cómo moderar nuestros planes (si Dios quiere) (Stg. 4:13-15).
3. Otras interrupciones de nuestros planes:
   a. La muerte.
   b. El desastre.
   c. Las enfermedades.
4. Esta oración pide una interrupción mejor.
5. Esta oración le da la prioridad al regreso de Cristo.
   a. Más importantes que todos nuestros planes.
   b. Más importante que todas nuestras metas.

      6. ¿Cuán importante es el regreso de Cristo para usted?

      7. ¿Quiere usted que Él regrese pronto?

   C. *Una oración para un encuentro personal con Cristo*

      1. "Señor Jesús".

      2. Cara a cara con Cristo nuestro Salvador.

      3. Las conclusiones de Juan después de repasar el futuro.

         a. "Amén; sí, ven, Señor Jesús".

         b. Juan estaba deseoso de que Cristo viniera.

         c. ¿Tiene usted deseo de que Cristo venga?

      4. Esta es nuestra "bendita esperanza".

      5. ¿Es la venida de Cristo su esperanza?

III. Conclusión

   A. *¿Qué es lo que significará el regreso de Cristo?*

      1. La resurrección de los muertos en Cristo.

      2. El arrebatamiento de los creyentes vivos.

      3. Recibir los galardones o recompensas prometidos.

      4. Disfrutar con Cristo en el cielo.

   B. *¿Es esta última oración de la Biblia su oración?*

   C. *Si es así, eso purificará su vida (1 Jn. 2:1-3)*

UNA NACIÓN EN NECESIDAD

Éxodo 32:1-8

I. Introducción

A. *Dios y la historia de las naciones*
1. Dios está obrando en todas las naciones.
2. Dios y nuestra independencia.
   a. Su fidelidad en los primeros años.
   b. Su dirección para los fundadores en sus luchas.
   c. Su guía en la formación de una tierra de libertad religiosa.
3. Dios y su obra en Israel.
   a. Su liberación de Egipto.
   b. Una nación para dar su Palabra al mundo.

B. *Aquella escena trágica*
1. Moisés estaba en el monte Sinaí recibiendo la ley.
2. La impaciencia, las quejas, el becerro de oro.

C. *Paralelismo entre las necesidades de Israel y las nuestras*

II. Cuerpo

A. *Su necesidad de recordar el pasado (v. 1)*
1. Los días difíciles en Egipto (3:7, 8).
   a. Habían sido esclavos de capataces crueles.
   b. A sus hijos los mataban echándolos al río al nacer.
   c. Habían clamado a Dios pidiendo liberación.
2. Los humildes comienzos de nuestro país.
   a. El valor que necesitaron para declarar la independencia.
   b. Militarmente hablando, la independencia no parecía posible.
   c. La libertad parecía un sueño imposible para algunos.
3. Nuestro héroe nacional (el libertador) oraba.
4. Nace una nación independiente y libre.

B. *Su necesidad de recordar la provisión de Dios (v. 4)*
1. Dios proveyó de un libertador.
   a. Moisés y la zarza ardiendo (Éx. 3:2-4).
   b. "He descendido para librarlos de mano de los egipcios" (3:8).
2. Las plagas que ayudaron a su liberación.
3. La pascua; el paso del mar Rojo; la nube y el fuego.
4. El maná y el agua de la roca.
5. Las grandes provisiones de Dios para nosotros.
   a. Victoria en la guerra de Independencia.

   b. Preservar la unión durante la guerra civil.
   c. Cosechas abundantes, prosperidad y muchas bendiciones.
C. *Su necesidad de recordar el propósito de Dios (vv. 7, 8)*
   1. Ser el pueblo de Dios (Éx. 6:7).
      a. Para ser un testimonio a todas las naciones.
      b. Para dar su Palabra al mundo.
      c. Para recibir la tierra que les había prometido (6:8).
   3. Dios ha tenido un propósito para nuestro país.
      a. Un lugar donde su pueblo pudiera adorarle libremente.
      b. Una nación que fuera un testimonio para todo el
         mundo.
      c. Una nación que pudiera ayudar a su pueblo Israel.

III. Conclusión
   A. *Los recuerdos nos hacen pensar en lo fundamental*
      1. Recordamos que Dios está obrando en nuestra vida.
      2. Recordamos el compromiso que establecimos con Él.
   B. *Las bases de la libertad*
      1. La libertad fluye de la Biblia (Jn. 8:32).
      2. La libertad proviene del Salvador (Jn. 8:36).
   C. *Como nación necesitamos volver a las bases de la libertad*

¡VENID Y VOLVÁMONOS A JEHOVÁ!

Oseas 6:1

I. Introducción

A. *Llamamiento de Oseas al arrepentimiento*
   1. "Venid y volvamos a Jehová".
   2. "Porque él arrebató [desgarró, destrozó], y nos curará".
   3. "Hirió, y nos vendará".

B. *Un llamamiento a la esperanza para una nación en dificultades*
   1. La nación estaba en una situación de decadencia moral y religiosa.
   2. Oseas ofrece sanidad y ayuda para personas con problemas.

C. *Por qué estas personas necesitaban volver al Señor*

II. Cuerpo

A. *Se habían apartado del Señor en su adoración (Oseas 4:1)*
   1. Oseas no se anda con rodeos: habla con franqueza.
   2. La controversia del Señor con su pueblo.
      a. No había verdad en la tierra.
      b. No había misericordia en la tierra.
      c. Ni tampoco había conocimiento de Dios.
   3. La verdad crece como resultado de estar bien con Dios (Jn. 8:32).
   4. La misericordia fluye del conocimiento de un Dios misericordioso (Sal. 103:17).
   5. El pueblo de Dios se había olvidado de Él.
      a. No tenían tiempo para Dios.
      b. Cosas menos importantes recibían toda su adoración.
   6. La nación estaba en necesidad de un gran avivamiento.
      a. El culto a Dios era muy formalista.
      b. La adoración no era una experiencia renovadora de la vida.
      c. Su adoración carecía de fe.
   7. ¿Podría esta descripción encajar con la condición de nuestro pueblo hoy?

B. *Se habían alejado de Dios en sus palabras (4:2)*
   1. "Perjurar, mentir".
   2. Las palabras dan la medida de nuestra condición espiritual.
      a. Revelan lo que ocupa nuestra mente.
      b. Manifiestan el estado del corazón (Mt. 12:33-37).
   3. Las personas habían hecho de la impiedad su práctica.
      a. La impiedad es una señal de decadencia.
      b. "Dejad estas cosas... palabras deshonestas de vuestra boca" (Col. 3:8).

4. El mentir nunca se debe tomar a la ligera.
  a. Satanás es padre de mentira (Jn. 8:44).
  b. Los creyentes deben apartarse de la mentira (Ef. 4:25).
5. Un buen versículo para eliminar el perjurar y mentir (Sal. 19:14).

C. *Se habían apartado de Dios en sus acciones (4:2)*
  1. Tres indicaciones de decadencia en Israel en ese tiempo.
    a. Matar (Éx. 20:13).
    b. Hurtar (Éx. 20:15).
    c. Cometer adulterio (Ex, 20:14).
  2. Todo esto está prohibido por las Escrituras.
  3. Estos pecados prevalecen hoy en nuestro país.
    a. Los homicidios hacen peligrosas nuestras calles y hogares.
    b. Los robos nos cuestan a todos.
    c. El adulterio aumenta las enfermedades y arruina los matrimonios.

III. Conclusión

A. *Las personas son invitadas a volverse al Señor*
  1. Que se vuelvan a pesar de sus pecados.
  2. Vuélvanse y sean perdonados.
B. *Dios todavía llama a los obstinados y desobedientes*
C. *Él perdonará, limpiará y renovará (6:2)*

LA MANERA DE HABLAR DE DIOS

Hebreos 1:1-3

I. Introducción

A. *Las dos preguntas de un antiguo predicador*
   1. ¿Habla Dios?
   2. ¿Qué es lo que dice?

B. *El hombre ciertamente habla*
   1. Mucho de lo que dice no merece la pena repetirlo.
   2. Qué extraño debe sonarles a los ángeles nuestro incesante parloteo.

C. *Dios ha hablado y todavía sigue hablando*

II. Cuerpo

A. *Dios habló en el pasado mediante los profetas (v. 1)*
   1. Dios no ha estado callado.
      a. Ha hablado mediante los profetas.
      b. El Antiguo Testamento queda autenticado.
   2. Cómo habló Dios a los profetas.
      a. A veces mediante ángeles, como a Abraham (Gn. 18).
      b. A veces directamente, como a Moisés (Éx. 3).
      c. A veces mediante la creación, como a David (Sal. 8).
      d. A veces por medio de visiones, como a Daniel (Dn. 7).
      e. Siempre mediante el Espíritu Santo (2 P. 1:21).
   3. Las muchas profecías cumplidas y las que están cumpliéndose.
      a. Profecías acerca del nacimiento de Cristo.
      b. Profecías acerca de la muerte y resurrección de Cristo.
      c. Profecías acerca de la segunda venida de Cristo.
      d. Profecías acerca del reino de Cristo.
      e. Profecías acerca del movimiento de las naciones.
      f. Profecías acerca del futuro de Israel.

B. *Dios ha hablado en estos últimos tiempos (v. 2)*
   1. "En estos postreros días".
      a. De Pentecostés al reino (Hch. 2:17).
      b. Él nos está hablando ahora a nosotros.
   2. Dios no está en silencio en ninguna época.
   3. Desarrollos proféticos por medio de los cuales está hablando.
      a. La explosión de conocimiento (Dn. 12:4).
      b. Nuevas enfermedades (Mt. 24:7).
      c. Señales en la naturaleza: terremotos, etc. (Mt. 24:7).
      d. Decadencia moral (Mt. 24:12).

       e. La tecnología preparando el camino del anticristo
(Ap. 13).

       f. El regreso de los judíos a Palestina (Ez. 37).

    4. El plan profético de Dios se está cumpliendo.

    5. ¡Qué gran tiempo de la historia para estar vivo!

C. *Dios nos ha hablado a nosotros por medio de su Hijo (vv. 2, 3)*

    1. Todo lo que necesitamos saber está en Cristo.

    2. ¿Quiere saber acerca de la gracia de Dios? Estudie a Cristo.

    3. ¿Quiere saber acerca del amor de Dios? Estudie a Cristo.

    4. ¿Quiere saber acerca del poder de Dios? Estudie a Cristo.

    5. ¿Quiere saber acerca de la sabiduría de Dios? Estudie a
Cristo.

    6. ¿Quiere saber acerca del futuro? Estudie a Cristo.

III. Conclusiones

A. *William R. Newell dijo acerca de este texto:*

    1. "Cristo mismo, el Hijo de Dios, es el mensaje de Dios".

    2. "Cristo es... la voz personal y el don eterno de Dios".

B. *Dios le habla acerca de Cristo que efectuó la purificación de
nuestros pecados (v. 3)*

C. *¿Cuál es su respuesta a Cristo?*

PODEMOS VENCER LA TENTACIÓN

1 Corintios 10:13

I. Introducción
A. *Por qué la tentación nos atormenta a todos*
  1. Todos somos el blanco del tentador.
  2. Todos sentimos la atracción del mundo.
  3. Todos experimentamos los apetitos de la carne.
B. *Este versículo nos enseña cómo vencer la tentación*

II. Cuerpo
A. *El tentador que enfrentamos*
  1. Tenemos un adversario (1 P. 5:8).
    a. Satanás es comparado a un león rugiente.
    b. Continuamente busca a quien atrapar.
  2. Satanás es la fuente de toda tentación.
    a. De la tentación en el huerto del Edén (Gn. 3).
    b. De las tentaciones de Jesús (Mt. 4).
  3. El tentador es un engañador (2 Co. 11:3).
  4. El tentador es un mentiroso (Jn. 8:44).
  5. El tentador es un ladrón (Jn. 10:10).
  6. Estamos equipados para vencer sobre este poderoso enemigo (1 Jn. 4:4).
    a. El Espíritu Santo mora dentro de cada creyente.
    b. El Espíritu Santo es más poderoso que cualquier enemigo.
B. *El Dios que es siempre fiel*
  1. "Fiel es Dios".
  2. Dios limita la tentación a lo que es posible para el hombre.
    a. A Satanás se le permite presentarnos seducciones.
    b. Al mundo se le permite mostrarnos sus encantos.
    c. A la carne se le permiten deseos no experimentados.
  3. Otros han sido tentados como usted lo es hoy.
    a. Algunos perdieron la batalla.
    b. Otros la ganaron.
    c. Usted puede vencer.
  4. Dios limita la tentación a lo que podemos resistir.
    a. La tentación no estará nunca por encima de lo pueda "resistir".
    b. No diga que resistir es imposible para usted.
    c. Dios garantiza que usted puede estar a la altura de la situación.
    d. Su gracia es suficiente para las pruebas del presente.

C. *La salida que debemos encontrar*
   1. Se requiere que cada tentación tenga una manera de salir de ella.
   2. Es una ruta de escape que Dios prepara.
      a. Dios "dará también juntamente con la tentación la salida".
      b. Esta es su manera de mostrar su amor.
   3. Puertas de escape que Dios preparó para otros cuando fueron tentados.
      a. Una llamada de teléfono a tiempo.
      b. Un versículo de las Escrituras que viene a la mente.
      c. Una persona que ayuda en el momento oportuno.
   4. En los días más oscuros, Dios nos prepara una salida.

III. Conclusión
   A. *¿Está usted soportando la tentación hoy?*
      1. ¿Se siente cerca de quedar derrotado?
      2. ¿Está a punto de ceder ante el tentador?
   B. *Usted puede triunfar sobre la tentación*
      1. Nuestro Señor se enfrentó al tentador y le venció.
      2. Él le dará gracia y fortaleza para que también pueda vencer.

UN HOMBRE QUE DIOS USÓ

2 Reyes 10:15, 16

I. Introducción
A. *Lo que sabemos acerca de Jehú*
  1. Aparece por primera vez mencionado con relación a Elías (1 R. 19:16).
  2. El desalentado profeta tenía que cumplir con tres tareas.
     a. Ungir a Hazael como rey de Siria.
     b. Ungir a Jehú como rey de Israel.
     c. Ungir a Eliseo para que le sustituyera como profeta.
  3. Sabemos también que Jehú manejaba como un loco (2 R. 9:20, DHH y NVI).
B. *La tarea que Dios le encomendó a Jehú.*
  1. Tenía que destruir la casa de Acab.
  2. Tenía que cortar de raíz el mal en Israel.
C. *Jehú invita a Jonadab a que se una a él para completar la tarea*
  1. Palabras conmovedoras de Jehú a Jonadab.
  2. Son buenas palabras para cualquiera que busque servir al Señor.

II. Cuerpo
A. *Corazones rectos (v. 15)*
  1. "¿Es recto tu corazón, como el mío es recto con el tuyo?"
  2. Ese es el primer requisito para hacer la obra de Dios.
  3. Nuestros corazones no son por naturaleza rectos.
     a. "Engañoso es el corazón más que todas las cosas, y perverso" (Jer. 17:9).
     b. El mal sale del corazón (Mt. 15:19).
     c. Jesucristo es el que puede cambiarnos (2 Co. 5:17).
  4. Posibilidades de un gran corazón.
     a. Jehová escudriña y prueba los corazones (Jer. 17:10).
     b. La Palabra de Dios discierne los corazones (He. 4:12).
     c. Cristo puede llamar a la puerta del corazón (Ap. 3:20).
     d. Podemos creer con el corazón (Ro. 10:10).
     e. El amor de Dios es derramado en el corazón (Ro. 5:5).
     f. La Palabra de Dios puede ser guardada en el corazón (Sal. 119:11).
     g. La alegría de Dios puede estar en el corazón (Sal. 4:7).
  5. Lo que estorba para que nuestros corazones sean rectos.
     a. El pecado (Sal. 66:18).
     b. La obstinación o dureza del corazón (Ro. 2:5).
     c. Lentos para creer (Lc. 24:25).

6. Cuando nuestro corazón es recto estamos listos para servir al Señor.

B. *Manos unidas (v. 15)*
   1. "Dame la mano".
   2. Una invitación sincera para trabajar juntos.
   3. Ejemplos y exhortaciones de la Biblia para trabajar juntos.
      a. "¡Cuán bueno y cuán delicioso es!" (Sal. 133).
      b. Unánimes juntos (Hch. 1:14; 2:1).
      c. Sintiendo lo mismo (Fil. 2:2).
   4. El poder de una iglesia unida.

C. *Celo santo (v. 16)*
   1. "Y verás mi celo por Jehová".
   2. Deberíamos tener algo de celo santo en las iglesias hoy.
   3. La iglesia de Laodicea era tibia. Una desilusión como iglesia.
   4. Necesitamos iglesias que sean celosas por Cristo, ardientes.

Conclusión

A. *Procuremos que nuestros corazones sean rectos y nuestras manos se unan*

B. *Que la comunidad vea nuestro celo por el Señor*

C. *Tenemos una tarea que hacer por nuestro Señor*

"Es mucho mejor tener celo sin conocimiento que tener conocimiento sin celo" (Moody).

PREPARÉMONOS PARA LA AFLICCIÓN

Juan 16:33

I. Introducción

A. *A los discípulos les esperaban días muy oscuros*
1. La traición de Judas.
2. El juicio de Cristo cuando ellos le abandonarían y huirían.
3. Las negaciones de Pedro.
4. La crucifixión y muerte de Cristo.

B. *Jesús preparó a los discípulos para estos días oscuros que venían*
1. Les habló acerca del cielo (Jn. 14:1-3).
2. Les habló también acerca del Espíritu Santo (Jn. 14:16-27).
3. Les llamó amigos (Jn. 15:13-15).

C. *¿Por qué estas enseñanzas nos traen paz en tiempos de aflicción (o sufrimiento)?*

II. Cuerpo

A. *¿Cómo nos trae paz la esperanza del cielo (Jn. 14:1-3)?*
1. Todos tenemos aflicciones (o sufrimientos).
   a. "En el mundo tendréis aflicción".
   b. Participamos en las aflicciones de este mundo.
2. Los creyentes encuentran paz al ver las cosas con la perspectiva eterna.
   a. Todas las pruebas son temporales.
   b. Debemos mirar más allá de las pruebas.
   c. Lo mejor está siempre por venir.
3. "No se turbe vuestro corazón".
   a. Tenemos aflicciones aquí, pero mansiones eternas en el futuro.
   b. Tenemos sufrimientos ahora, pero un lugar preparado en la eternidad.
4. Nos enfrentamos a enemigos y a los que se oponen ahora.
5. Después pasaremos la eternidad con Cristo.
6. Otros pueden abandonarnos, pero Cristo viene por nosotros.

B. *¿Cómo puede el Espíritu Santo traernos paz (14:16-27)?*
1. Cristo dijo que el Espíritu Santo sería nuestro Consolador.
   a. Nos conforta cuando estamos angustiados.
   b. Nos consuela cuando sentimos que nos derrumbamos.
2. El Espíritu Santo mora dentro de cada creyente.
   a. Su consuelo está a nuestra disposición en todo momento.

      b. Nos enseña a crecer en la fe.

      c. A medida que crece la fe disminuyen los temores.

    3. El Espíritu Santo nos recuerda la fidelidad de Dios.

C. *¿Cómo el ser amigo de Cristo nos provee de paz*
   (Jn. 15:13-15)?

    1. Los amigos están cerca en tiempo de necesidad.

      a. Jesús está tan cerca como los pámpanos de la vid.

      b. Jesús está tan cerca que moramos en Él.

      c. Jesús está más cerca de nosotros que un hermano o hermana.

    2. Este amigo nos ama (15:13).

      a. Murió por nosotros.

      b. Nos llamó sus amigos.

    3. Este amigo nunca nos abandona (He. 13:5).

      a. Sus amigos le abandonaron y huyeron.

      b. Él permaneció fiel a todos ellos.

      c. Él permanecerá fiel para con nosotros.

III. Conclusión

   A. *En este mundo tendremos aflicción*

   B. *En Cristo podemos tener paz*

   C. *Cristo ha vencido al mundo*

   D. *Al confiar en Él somos también vencedores*

PERDER Y GANAR

Mateo 16:25, 26

I. Introducción

A. *Jesús llevó a sus discípulos a un retiro*
1. Cesarea de Filipo se encontraba al norte del valle del Jordán.
2. Era un lugar hermoso para un retiro.
3. Si no nos retiramos para renovarnos, nos deshacemos.

B. *Revelaciones en este retiro*
1. La revelación de la iglesia.
2. La revelación de la cruz.
3. La revelación de perder y encontrar.
   a. Lo que significó para los discípulos.
   b. Lo que significa para usted y para mí hoy.

II. Cuerpo

A. *Salvar es perder (v. 25)*
1. "Porque todo el que quiera salvar su vida".
2. Al dárselo todo a Cristo ganamos.
   a. Esto es difícil de entender para la naturaleza humana.
   b. El joven rico no lo entendió.
   c. El rey Agripa casi llegó a entenderlo (Hch. 26:28).
3. Perdemos cuando nos frenamos en la dedicación total.
   a. Este principio es verdadero en la salvación.
   b. La salvación no puede ser mitad obras y mitad gracia.
   c. Cristo debe ser todo o nada.

B. *Perder es encontrar (v. 25)*
1. "Todo el que pierda su vida…"
2. Veamos a través del engaño del pecado.
3. Lleguemos al momento de una decisión transformadora de la vida.
4. Pensemos en Moisés que eligió identificarse con el pueblo de Dios.
   a. Perdió su posición en Egipto (He. 11:24, 25).
   b. Ganó un lugar en el plan de Dios (He. 11:26).
5. Vemos a Nicodemo entrevistándose con Jesús de noche.
6. Vemos a sus discípulos dejándolo todo para seguir a Cristo.
7. Veamos a Saulo convirtiéndose en Pablo el misionero.
8. ¿Qué ha perdido usted para seguir a Cristo?
9. Perder las cosas temporales por Él nos trae grandes ganancias eternas.

C. *Ganar es perder (v. 26)*
  1. "¿Qué aprovechará al hombre...?"
  2. Esta puede ser la lección más difícil de aprender.
     a. El mundo es muy seductor.
     b. Podemos ver el mundo, pero no podemos ver el alma.
     c. La mayoría de las personas trata de ganar el mundo.
  3. ¿Hay alguna meta humana que le aleja de Cristo?
  4. Jesús le dio valor infinito al alma humana.
  5. ¿Cuán valiosa es su alma para usted?
  6. Piense en la cruz para ver el valor de un alma para Cristo.
     a. Los clavos, las espinas, el dolor, todo por amor de las almas.
     b. El derramamiento de su sangre en la cruz por las almas.

III. Conclusión

A. *Este es un sermón acerca de la rendición total*
  1. ¿Está dispuesto a perderlo todo por amor de Cristo?
  2. ¿Está reservando alguna parte de su vida para no dársela a Cristo?

B. *Recuerde que perder es encontrar*

C. *Ríndase por completo a Cristo hoy*

ACEPTEMOS UN NUEVO RETO EN LA VIDA

Josué 1:1-6

I. Introducción

A. *Un capítulo se cierra al comienzo de este libro*
1. Moisés ha muerto.
   a. Moisés había sacado a su pueblo de la esclavitud.
   b. Había recibido la ley de Dios en el Sinaí.
2. Esto simbolizaba el fin de la dispensación de la ley.
   a. "La ley por medio de Moisés fue dada" (Jn. 1:17).
   b. Josué un tipo de Cristo... siguió a Moisés.
   c. "La gracia y la verdad vinieron por medio de Jesucristo" (Jn. 1:17).
3. Un nuevo capítulo se abría con la vida de Josué.

II. Cuerpo

A. *La tarea asignada (vv. 2-4)*
1. "Pasa este Jordán".
   a. Josué tenía que dirigir a su pueblo.
   b. Moisés había dicho que este día llegaría (Dt. 31:1-8).
2. ¿Cuán grandes son tus pies, Josué? (vv. 3, 4).
   a. Le sería dado todo lugar que pisare la planta de su pie.
   b. Josué había pasado por allí antes como espía (Nm. 13:8).
   c. Había visto la abundancia de esta buena tierra (Nm. 13:21-25).
3. Josué y Caleb dieron un buen informe en aquel día (Nm. 14:6-9).
4. Los que dudaban ganaron en aquel momento.
5. Josué dirigiría ahora la conquista de Canaán.

B. *El conflicto (v. 4)*
1. Canaán estaba ocupada.
   a. Los habitantes de la tierra eran muy fuertes.
   b. Un serio problema: La ciudad amurallada de Jericó.
2. Los conflictos de la vida cristiana.
   a. Conflictos con el mundo (1 Jn. 2:15-17).
   b. Conflictos con la carne (Gá. 5:19-21).
   c. Conflictos con el diablo (Ef. 6:10-18).
3. ¿Ha resultado difícil el conflicto para usted hoy?
4. Redpath: "¿Se encuentra usted en el desierto de la derrota o en la tierra de la victoria?
   ¿Es su vida una lucha continua en contra de los poderes de las tinieblas, con constante derrotas, o es una guerra victoriosa luchada en el poder del Cristo resucitado?"

C. *El llamamiento a tener valor (v. 6)*

    1. "Esfuérzate y sé valiente".
    2. Razones por las que Josué podía tener temor.
      a. Estaba empezando una nueva vocación.
      b. Le habían dado una gran responsabilidad.
      c. Su héroe había muerto.
      d. Ya no era joven.
    3. Las razones para tener valor.
      a. El poder de Dios.
      b. La presencia de Dios.
      c. Las promesas de Dios.
    4. Josué estaba equipado para ganar en el conflicto y nosotros también.

III. Conclusión

    A. *Nuestro Dios tiene buenas cosas preparadas para nosotros*
      1. La salvación es solo el comienzo.
      2. Nos esperan grandes victorias para que las ganemos.
    B. *Marchemos firmes y adelante con fe*
    C. *Ningún enemigo podrá permanecer contra nosotros*
    D. *Nuestro Salvador victorioso nos dirigirá a lo largo de todo el camino*

EL FRUTO DEL ESPÍRITU ES AMOR

I. Introducción

A. *El consejo de Pablo a una iglesia con problemas*
1. Una iglesia que había llegado a ser legalista.
2. Pablo le invita a volver a la gracia.

B. *Pablo les recuerda acerca del Espíritu Santo y de la vida cristiana*
1. La obra del Espíritu Santo en la conversión (3:3).
2. El fruto del Espíritu debe seguir (5:22, 23).

C. *La serie sobre el fruto del Espíritu*

D. *El fruto del Espíritu es amor*

II. Cuerpo

A. *Amor por Dios*
1. Debería ser algo natural en nosotros.
2. El más grande de los mandamientos (Mt. 22:37).
3. Evidencias de que las personas no aman a Dios.
    a. Usan su nombre en vano.
    b. No aprecian sus bendiciones.
    c. Viven para las obras de la carne.
4. Todo cambia cuando sucede la conversión.
    a. Hay una nueva conciencia del amor de Dios.
    b. "Nosotros le amamos a él, porque él nos amó primero" (1 Jn. 4:19).
5. El amor del creyente por Dios puede enfriarse (Ap. 2:1-5).
6. ¿Cuál es la temperatura de su amor?

B. *Amor por la familia de Dios*
1. Nacemos en la familia de Dios mediante la fe en Cristo.
    a. Una gran familia de hermanos y hermanas.
    b. Una nueva y singular relación.
2. Pruebas de la nueva vida.
    a. "Os améis unos a otros" (Jn. 13:34, 35).
    b. "Amamos a los hermanos" (1 Jn. 3:14).
3. Es evidente la falta de amor en muchas iglesias.
4. Los gálatas tuvieron una vez amor unos por los otros.
    a. Cuando el legalismo aparece, el amor desaparece.
    b. Ahora se estaban destruyendo unos a otros (5:15).
5. Pablo anhelaba que el amor fluyera de nuevo entre ellos.

C. *Amor por los perdidos*
1. El Espíritu Santo nos lleva a ser como Cristo.
2. El Señor y su amor por los pecadores.

        a. Vino a buscar y salvar a los perdidos (Lc. 19:10).

        b. Fue criticado por amar a los pecadores (Lc. 15:2).

        c. Su muerte por los pecadores demuestra su amor (Ro. 5:8).

     3. Los creyentes llenos del Espíritu aman a los pecadores y los ministran.

III. Conclusión

    A. Resumen de las evidencias de una vida llena del Espíritu

     1. Amor por Dios.

     2. Amor por la familia de Dios.

     3. Amor por los perdidos.

    B. ¿Cómo podemos reconocer este amor?

     1. Es algo más que sentimentalismo.

     2. Lo tenemos descrito en 1 Co. 13.

    C. Ríndase por completo al Espíritu Santo

    D. Su amor fluirá por usted cada día

EL FRUTO DEL ESPÍRITU ES GOZO

SERIE ACERCA DEL FRUTO DEL ESPÍRITU *Gálatas 5:22*

I. Introducción
A. *La guerra dentro de nosotros (vv. 16, 17)*
1. La guerra entre la carne y el Espíritu.
2. Una guerra que empieza cuando nacemos de nuevo.
3. Pablo habla por experiencia (Ro. 7).
4. Encontró la victoria al rendirse al Espíritu Santo (Ro. 8).
B. *Consideremos el fruto del Espíritu*
1. El fruto del Espíritu es amor: considerado en el sermón anterior.
2. El fruto del Espíritu es gozo.

II. Cuerpo
A. *El gozo de la salvación (Sal. 51:12)*
1. David escribió con un corazón acongojado.
   a. Había perdido el gozo de la salvación.
   b. Anhelaba recuperarlo de nuevo.
2. El gozo de conocer que los pecados están perdonados (1 Jn. 1:7).
3. El gozo de ser un hijo de Dios (Jn. 1:12).
4. El gozo de saber que el cielo nos espera (Fil. 1:21-23).
5. El gozo de estar en paz con Dios (Ro. 5:1).
B. *El gozo de una vida fructífera (Jn. 15:11)*
1. Necesitamos evaluar a menudo nuestra condición espiritual.
2. ¿Es el gozo del Señor nuestra experiencia diaria?
   a. Si no, ¿por qué no?
   b. ¿Qué es lo que necesitamos corregir?
3. ¿Estamos permaneciendo en Cristo? (Jn. 15:4).
   a. Rendidos por completo a Él.
   b. Manteniendo una vida devocional fuerte.
   c. Nutriéndonos a diario con la Palabra de Dios.
   d. Confesando todos nuestros pecados conocidos.
4. El relato conmovedor de la vid y los pámpanos.
   a. ¿Estamos obteniendo vida a diario de Jesús?
   b. ¿Estamos llevando fruto para Él?
C. *El gozo de las oraciones respondidas (Jn. 16:24)*
1. El Espíritu Santo y nuestra vida de oración.
   a. Él nos lleva a la oración (Ro. 8:14).
   b. Nos dirige también cuando oramos (Ro. 8:15).
   c. Da testimonio cuando oramos (Ro. 8:16).
   d. Intercede cuando no sabemos cómo orar (Ro. 8:26).

2. El gozo aumenta cuando oramos en el nombre de Jesús.
3. El gozo acompaña a las oraciones respondidas.
D. *El gozo de llevar a otros a Cristo (1 Ts. 2:19)*
  1. Este es uno de los motivos de gozo en el cielo.
  2. Esto es motivo de gozo para los ángeles (Lc. 15:7, 10).
  3. Esto hizo que la cruz fuera soportable para Cristo (He. 12:2).
  4. El círculo bendecido del gozo.
    a. La vida llena del Espíritu y gozosa produce convertidos.
    b. Ver el fruto del testimonio incrementa el gozo.

III. Conclusión
A. *El gozo producido por el Espíritu no lo podemos producir nosotros*
  1. El fruto del Espíritu procede de dentro.
  2. El Espíritu Santo está dentro de cada hijo de Dios.
B. *Cesemos de entristecer al Espíritu Santo (Ef. 4:30)*
C. *Dejemos de apagar el Espíritu (1 Ts. 5:19)*
D. *Experimentemos el gozo del Espíritu*

EL FRUTO DEL ESPÍRITU ES PAZ

Gálatas 5:22

I. Introducción

A. *Los buenos frutos producidos por el Espíritu*
1. Amor, gozo y paz enriquecen nuestra vida.
2. Dios quiere hacer buenas cosas en nosotros.

B. *Contraste entre el fruto y las obras*
1. Las obras son producto del esfuerzo humano.
2. El fruto brota de la vida interior.

C. *El Espíritu Santo produce la paz en nuestra vida*

II. Cuerpo

A. *Paz con Dios (Ro. 5:1)*
1. No estamos por naturaleza en paz con Dios.
   a. El pecado deshizo la relación pacífica del Edén.
   b. Esta es la razón de los problemas del mundo.
2. La búsqueda de la paz. Tratamos de encontrar paz:.
   a. En el placer.
   b. En la diversión.
   c. En las sustancias: alcohol, drogas, etc.
   d. En la seguridad financiera.
3. No hay paz aparte de Dios (Is. 57:19-21).
4. Cristo vino para traernos paz.
   a. Murió por los pecadores (Ro. 5:6-9).
   b. Él es la fuente de la paz (Ef. 2:13-17).
5. Un paso más adelante.
   a. Algunos tienen paz con Dios pero no se sienten tranquilos.
   b. La paz de Dios no debería limitarse a la posición.
   c. La paz de Dios debería ser nuestra experiencia diaria.

B. *La paz de Dios (Fil. 4:6, 7)*
1. Esto es paz en todas las circunstancias.
   a. Cuando las cosas no están marchando bien.
   b. Cuando la ansiedad nos dominaría y remplazaría a la paz.
2. Paz cuando los recursos son escasos y las deudas muchas.
3. Paz cuando la salud es incierta.
4. Paz cuando las tormentas nos asedian.
5. La fórmula de Dios para esta clase de paz.
   a. Oración: el Espíritu Santo propicia la oración.
   b. Acción de gracias: el Espíritu Santo nos lleva a la gratitud.
   c. Fe: El Espíritu nos ayuda a crecer en la fe.

C. *Paz con otros (Ef. 4:1-3)*
1. El Espíritu Santo derriba la barreras entre los creyentes.

2. "La unidad del Espíritu en el vínculo de la paz".
   a. Esta es siempre una característica del avivamiento.
   b. Imitemos a la iglesia primitiva (Hch. 1:14; 2:1).
3. Actitudes que entristecen al Espíritu Santo (Ef. 4:30).
   a. Amargura.
   b. Enojo.
   c. Maledicencia.
4. El Espíritu Santo puede restaurar o mejorar sus relaciones.

III. Conclusión

A. *No apaguemos el Espíritu*
   1. Dejemos de resistirnos al Espíritu.
   2. Seamos sensibles a su voz.
B. *Dejemos que la paz del Espíritu gobierne en nuestros corazones*

EL FRUTO DEL ESPÍRITU ES PACIENCIA

Serie acerca del fruto del Espíritu *Gálatas 5:22*

I. Introducción
A. *Este es uno de los frutos que más necesitamos*
1. La paciencia no nos resulta fácil a la mayoría de las personas.
2. La clave está en entregar al Espíritu todo el control.
B. *Repasemos la serie*
1. El fruto del Espíritu es amor.
2. El fruto del Espíritu es gozo.
3. El fruto del Espíritu es paz.
C. *La paciencia y la vida cristiana*

II. Cuerpo
A. *Una exhortación a la paciencia*
1. Dios nos llama a esperar.
   a. "Sí, espera a Jehová" (Sal. 27:14).
   b. "Guarda silencio ante Jehová, y espera en él" (Sal. 37:7).
   c. "Alma mía, en Dios solamente reposa" (Sal. 62:5).
   d. "Los que esperan a Jehová" (Is. 40:31).
   e. "Bueno es Jehová a los que en él esperan" (Lm. 3:25).
2. Los discípulos tenía que esperar por el Espíritu Santo (Hch. 1:4).
3. Tenemos que "esperar de los cielos a su Hijo" (1 Ts. 1:10).
4. Los cristianos tienen que correr la carrera "con paciencia" (He. 12:1).
B. *Ejemplos de paciencia*
1. Job es el ejemplo mejor conocido.
   a. Paciente cuando perdió a su familia y su fortuna.
   b. Paciente cuando su esposa le empujaba a maldecir a Dios y morirse.
2. La paciencia de Sadrac, Mesac y Abed-nego (Dn. 3).
3. La paciencia de Daniel en el foso de los leones (Dn. 6).
4. La paciencia de Pablo y Silas en la cárcel (Hch. 16:25-32).
5. Jesús fue el más grande ejemplo de paciencia.
   a. Su paciencia ante Pilato.
   b. Su paciencia en la cruz.
   c. Su paciencia con relación a su regreso (2 P. 3:9).
C. *Hay excelentes oportunidades de dar testimonio por medio de la paciencia*
1. La paciencia del esposo puede ganar a la esposa.
2. La paciencia de la esposa puede ganar al esposo.
3. La paciencia del empresario puede ganar al empleado.

4. La paciencia de los conductores impresiona a otros que manejan.
5. Las personas pacientes se destacan en la multitud.
6. Los que observan a los que son pacientes se preguntan cómo pueden lograrlo.
   a. Piensan que su testimonio es verdadero.
   b. Merece la pena tener estas oportunidades que brinda la paciencia.
7. Otros ven al Espíritu Santo obrar a través de la paciencia de los creyentes.

III. Conclusión

A. *Usted puede ser paciente*
   1. El Espíritu Santo puede calmarle.
   2. Su paciencia depende de su grado de rendición a Cristo.
B. *Vea cómo progresa el fruto del Espíritu*
   1. Amor, gozo, paz, paciencia.
   2. Cada uno es fortalecido por el otro.
   3. Todos ellos fluyen del amor.

EL FRUTO DEL ESPÍRITU ES BENIGNIDAD

Gálatas 5:22

I. Introducción

A. *Hechos importantes acerca del Espíritu Santo*
   1. El Espíritu santo es Dios.
   2. El Espíritu Santo nos lleva a Cristo.
   3. El Espíritu Santo mora dentro de cada creyente.

B. *Cómo ser llenos del Espíritu Santo*
   1. Cese de entristecer al Espíritu (Ef. 4:30).
   2. Deje de apagar al Espíritu (1 Ts. 5:19).
   3. Empiece a caminar en el Espíritu (Gá. 5:16).

C. *El fruto del Espíritu debería ser evidente en nosotros*

D. *El fruto del Espíritu es benignidad*

II. Cuerpo

A. *La benignidad en las Escrituras*
   1. La benignidad de Dios para con nosotros.
      a. "Tú eres Dios que perdonas, clemente y piadoso" (Neh. 9:17).
      b. "Ha hecho maravillosa su misericordia" (Sal. 31:21).
      c. "Porque ha engrandecido sobre nosotros su misericordia (Sal. 117:2).
      d. "Te corona de favores y misericordias" (Sal. 103:4).
      e. "Con misericordia eterna" (Is. 54:8).
   2. Nuestra benignidad hacia otros.
      a. Como una demostración de amor (1 Co. 13:4).
      b. Como resultado de no entristecer al Espíritu (Ef. 4:32).
      c. Un consejo a los romanos (Ro. 12:10).
      d. Como una evidencia del crecimiento cristiano (2 P. 1:7).

B. *Benignidad en nuestra manera de hablar*
   1. Ese aspecto es importante para la benignidad.
   2. La manera de hablar es una prueba de un cristianismo genuino (Stg. 3:2).
   3. La contradicción de palabras amables y palabras hirientes (Stg. 3:9).
      a. "Con ella bendecimos al Dios y Padre".
      b. "Y con ella maldecimos a los hombres".
   4. La dureza en el hablar es muy perjudicial para la causa de Cristo.
      a. La palabras ásperas no pueden ser recuperadas.
      b. Palabras duras que hieren a los que amamos.
      c. Palabras severas que dividen a las iglesias.

    5. Las palabras amables proceden del Espíritu Santo.

      a. Palabras de consolación.

      b. Palabras de aliento.

      c. Palabras para edificar la fe.

C. *Demostramos benignidad dando con generosidad*

    1. El ejemplo de la iglesia primitiva (Hch. 2:44, 45).

    2. Las ofrendas que recogió Pablo para los santos (1 Co. 16:1).

    3. En la Biblia se anima a la benignidad en el dar.

      a. "Al que te pida, dale" (Mt. 5:42).

      b. "Y cualquiera que os diere un vaso de agua" (Mr. 9:41).

      c. "Compartir con el que padece necesidad" (Ef. 4:28).

    4. La benignidad es otra dimensión del amor.

III. Conclusión

A. *La benignidad muestra nuestro grado de entrega al Señor*

B. *El egoísmo revela nuestro grado de carnalidad*

C. *¿Ven los demás en nosotros la benignidad de Cristo?*

D. *Amor, gozo, paz, paciencia, benignidad*

    1. Esas son las metas del Espíritu Santo para usted y para mí.

    2. Desarrollemos en nosotros todos los aspectos del carácter de Cristo.

EL FRUTO DEL ESPÍRITU ES BONDAD

I. Introducción
   A. *El fruto del Espíritu y el fracaso humano*
      1. Amor, gozo, paz, paciencia, benignidad, bondad.
      2. Son metas elevadas que podemos alcanzar.
      3. El Espíritu Santo lo produce dentro de nosotros.
   B. *No son las obras del Espíritu sino el fruto del Espíritu*
      1. La salvación no es reformarnos sino regenerarnos.
      2. La transformación no es por imitación sino por el poder del Espíritu que mora en nosotros.
      3. El Espíritu Santo está haciendo buenas cosas en nosotros.
   C. *Reconozcamos la bondad*

II. Cuerpo
   A. *Una buena disposición*
      1. Esto es diferente del buen ánimo.
        a. El estado de ánimo va y viene.
        b. El estado de ánimo es cambiante, como el tiempo.
      2. Una buena disposición es parte de la personalidad.
        a. Esto es algo más que una característica heredada.
        b. Es una manera de vivir consistente con el amor de Dios.
        c. Es amar a otros como Dios nos ama a nosotros.
      3. Una buena disposición hace que sea fácil vivir con nosotros.
      4. Una buena disposición hace que seamos fáciles de tratar cada día.
      5. Una buena disposición muestra amor, gozo, paz, paciencia y benignidad.
   B. *Una buena actitud*
      1. Esto es afabilidad.
      2. Una persona llena con el Espíritu es amistosa.
      3. ¿Es usted amistoso?
      4. Jesucristo fue siempre amistoso con el necesitado.
        a. Era amigo de los pecadores.
        b. Se acercó siempre a los corazones en necesidad.
      5. Buscaba lo mejor en las personas.
        a. No se enfocaba en las faltas.
        b. No se quejaba ni difamaba.
      6. ¿Necesita usted una mejor actitud en el hogar, en la iglesia y en el trabajo?

C. *Es el deseo de hacer bien a otros*
   1. Las buenas obras no nos ganan la salvación (Ef. 2:8, 9).
      a. Somos salvos por gracia por medio de la fe.
      b. No podemos ganar el cielo por medio de buenas obras.
   2. Las buenas obras deben ser la evidencia de la nueva vida.
      a. "Creados en Cristo Jesús para buenas obras" (Ef. 2:10).
      b. "La fe sin obras está muerta" (Stg. 2:26).
   3. Aprovechemos las oportunidades para hacer bien a otros.
      a. Visitemos a los enfermos.
      b. Cuidemos de las viudas.
      c. Demos con generosidad a los pobres.
      d. Consolemos a los entristecidos y angustiados.
      e. Ayudemos a llevar las cargas de otros.

III. Conclusión
   A. *Un tiempo de examen personal*
      1. Verifiquemos nuestra disposición.
      2. Comprobemos nuestra actitud.
      3. Consideremos nuestro servicio a otros.
   B. *¿Qué cambios necesitamos hacer?*
   C. *Dejemos al Espíritu Santo hacer su obra*

EL FRUTO DEL ESPÍRITU ES FE

SERIE ACERCA DEL FRUTO DEL ESPÍRITU   *Gálatas 5:22*

I. Introducción

A. *La obra del Espíritu Santo*
  1. Usted está aquí debido a la obra del Espíritu.
  2. Si es una persona perdida, su obra es llevarle a Cristo.
  3. Si es un creyente, su obra es llevarle a crecer en la nueva vida en Cristo.
  4. Si es que se alejó de la fe, su obra es restaurarle.

B. *La comunidad de creyentes es el templo de Espíritu Santo*
  1. Su presencia en la iglesia se revela por el fruto que produce.
  2. El fruto del Espíritu es fe.

II. Cuerpo

A. *Fe que confía como un niño (Mt. 18:1-4)*
  1. Algunos hacen de la fe algo muy complicado.
  2. Jesús ilustró la fe con un niño pequeño.
    a. El niño es comparado con los fariseos.
    b. También es comparado con los discípulos.
  3. Cristo hizo que las cosas profundas fueran fáciles de comprender.
    a. Usó cosas familiares para explicar lo espiritual.
    b. La tendencia normal del niño es creer.
  4. Dios dijo: Cree, eso es todo.
  5. Fe que va más allá de la ceremonia religiosa y cree.
  6. Fe que no es turbada por los títulos y las posiciones.
  7. Fe que no pone límites al poder y al amor de Dios.

B. *Fe que está a la altura de todos los retos de la vida (He. 11)*
  1. La fe se edifica sobre la convicción de que Dios lo puede todo.
  2. Fe que le llevó a Abel a adorar a Dios (He. 11:4).
  3. Fe que le llevó a Enoc a caminar con Dios (He. 11:5).
  4. Fe que le llevó a Noé a trabajar para Dios (He. 11:7).
  5. Fe que hizo que Abraham obedeciera a Dios (He. 11:8).
  6. Fe que sostiene a muchos en los tiempos de dificultades.
  7. Fe que cree en la habilidad de Dios para proveer.
  8. Fe que reclama los recursos de Dios en cada crisis.
  9. Esa clase de fe es fruto del Espíritu Santo.
  10. "Si puedes creer, al que cree todo le es posible" (Mr. 9:23).

C. *Fe que demuestra que la vida del creyente es diferente (Stg. 2:18)*
  1. Fe en su sentido más profundo y amplio.

137

2. La palabra que se usa en griego puede traducirse por "fidelidad".

3. Eso nos lleva a la mejor dimensión de la fe.

4. Produce evidencia visible: fidelidad.

   a. Fidelidad a Cristo.

   b. Fidelidad a su Palabra.

   c. Fidelidad a su obra en la iglesia local.

   d. Fidelidad en el uso de nuestros talentos y dones.

   e. Fidelidad en el uso de los recursos materiales.

III. Conclusión

   A. Describa su fe

    1. ¿Es como la de un niño?

    2. ¿Es suficiente para los retos de la vida?

    3. ¿Ha cambiado su vida?

   B. ¿Necesita estímulo para su fe?

    1. Vuelva a la Biblia (Ro. 10:17).

    2. Busque ser lleno del Espíritu Santo (Ef. 5:19).

   C. Dedique su vida por completo al Señor y vigile por el crecimiento de su fe

EL FRUTO DEL ESPÍRITU ES MANSEDUMBRE

I. Introducción

    A. *El Espíritu Santo y el creyente*

        1. Entra en el creyente cuando se convierte a Cristo (1 Co. 6:20).

        2. Bautiza al creyente en el cuerpo de Cristo (1 Co. 12:13).

        3. Sella al creyente para el día de la redención (Ef. 4:30).

    B. *El fruto del Espíritu es la experiencia cristiana normal*

    C. *La mansedumbre como fruto del Espíritu*

        1. Mansedumbre es tener una disposición paciente y amable.

        2. Mansedumbre es sumisión humilde a la voluntad de Dios.

    D. *Ejemplos de mansedumbre en la Biblia*

II. Cuerpo

    A. *El discípulo manso (Stg. 1:21)*

        1. Recibe la Palabra de Dios con mansedumbre.

        2. Recibir con humildad lo que Dios tiene que decirnos.

            a. La ausencia de orgullo.

            b. Lo opuesto a la rebelión.

        3. Recibir la Palabra de Dios es asimilarla dentro de nosotros.

            a. Llamados a leer la Biblia regularmente y en oración.

            b. Llamados a escuchar la Biblia con continuidad.

            c. Llamados a escucharla con el corazón.

            d. Llamados a desechar otros mensajes menos importantes.

        4. Aprender con ganas nuevas cosas como niños pequeños.

        5. Deseosos de cumplir la voluntad de Dios sin importar el costo.

        6. Concentrándonos por completo en lo que Dios tiene que decirnos.

            a. Eliminando la enseñanza carnal.

            b. Abriéndonos a la verdad bíblica.

    B. *El dirigente manso (Nm. 12:3)*

        1. Moisés fue el hombre más manso de todos.

            a. Resulta sorprendente dada su fuerte personalidad.

            b. Fue el hombre que se enfrentó al faraón.

            c. El hombre que liberaría a su pueblo.

        2. ¿Se ha sentido confundido sobre lo que se necesita para ser un dirigente?

            a. Los líderes no tienen que ser necesariamente dinámicos.

            b. Los líderes no tienen que ser dictatoriales.

        3. La humildad es más importante que las credenciales impresionantes.

    4. La sumisión a la voluntad de Dios es más importante que las relaciones públicas.

    5. ¿Le ha impedido el orgullo obtener lo mejor de Dios?

    6. Busque las señales de mansedumbre en usted y en otros.

C. *El Cordero manso (Mt. 11:29)*

    1. "Soy manso", dijo Jesús.

    2. Él era el Cordero de Dios (Jn. 1:29).

        a. ¿Qué podía haber más manso que un cordero?

        b. El cordero para el sacrificio.

    3. No se resistió a la crucifixión (1 P. 1:21-25).

    4. "No se haga mi voluntad, sino la tuya" (Lc. 22:42).

    5. Jesús fue el ejemplo supremo de mansedumbre.

III. Conclusión

A. *¿Está siempre exigiendo que se hagan las cosas como usted quiere?*

    1. ¿Tiene dificultades en llevarse bien con otros?

    2. ¿Se enoja cuando no se hace su voluntad?

B. *Pida que el Espíritu Santo le haga manso*

C. *Él hará que la mansedumbre de Cristo crezca en usted*

EL FRUTO DEL ESPÍRITU ES TEMPLANZA
(DOMINIO PROPIO)

Termina la serie acerca del fruto del Espíritu   *Gálatas 5:23;*
Filipenses 4:13

I. Introducción
   A. *Resoluciones y lamentaciones*
     1. Las buenas intenciones terminan a menudo en fracaso.
     2. Cuando algunas áreas de la vida están fuera de control.
       a. "Nunca más lo volveré a hacer".
       b. "Voy a dejar de fumar, de beber, de seguir engordando".
       c. "Voy a controlar mi lengua".
   B. *El Espíritu Santo nos ofrece dominio propio*
     1. El fruto que nos libera de la desesperación.
     2. El fruto que nos capacita para ganar.
   C. *Cómo crecer en el dominio propio*

II. Cuerpo
   A. *Cambie su confianza en sí mismo por fe (Fil. 4:13)*
     1. "Yo puedo hacer todo lo que quiero".
     2. El más y el menos de la confianza en uno mismo.
       a. La confianza en nosotros mismos nos capacita para lograr algunas cosas.
       b. La confianza propia nos limita al potencial humano.
     3. El Espíritu Santo nos añade una dimensión divina.
       a. Josué pudo dirigir a su pueblo a la victoria sobre Jericó.
       b. El joven David pudo derrotar al poderoso Goliat.
       c. Discípulos sin títulos académicos transformaron el mundo.
     4. La derrota puede cambiarse en victoria por el poder de Dios.
       a. La disciplina que necesitamos la tenemos disponible por medio del Señor.
       b. La disciplina es dominio propio en acción.
       c. La disciplina es la evidencia del poder del Espíritu Santo.
     5. Confíe en Dios para que le capacite para hacer lo que debe hacer.
   B. *Cambie el poder de su voluntad por el poder de Dios (Fil. 4:13)*
     1. "Todo lo puedo en Cristo que me fortalece".
       a. Cambie su "Yo quiero" por "Todo lo puedo en Cristo".
       b. "Usted puede" por medio del poder de Dios.
     2. Usted ha estado tratando de vencer mediante el poder de la voluntad.

a. El poder de su voluntad es limitado.

b. El poder de Dios es ilimitado.

c. El poder infinito de Dios actúa en usted.

d. Rendirse al Espíritu Santo le proveerá de dominio propio.

3. Todo cristiano está equipado para ganar.

C. *Cambie sus debilidades por la fortaleza del Dios (Fil. 4:13)*

1. "Me fortalece".

2. Su fortaleza es limitada.

a. No es una sorpresa que fracasara.

b. Las buenas intenciones no se cumplieron.

3. Vuelva al poder ilimitado de Dios.

a. Ninguna resolución estará fuera de su alcance.

b. No habrá victoria que no pueda lograr.

III. Conclusión

A. *Cambie su sentido de culpa por el poder de Dios*

1. El sentido de culpa por los fracasos nos lleva a la depresión.

a. No queremos intentarlo de nuevo.

b. Empezamos a pensar que somos un fracaso.

2. El sentido de culpa es verdadero porque todos hemos pecado.

3. Dios nos perdona y nos limpia de la culpa (1 Jn. 1:9).

4. Dios hará que usted sea un ganador.

B. *El fruto del Espíritu cambiará su vida*

C. *Entregue hoy el control de su vida al Espíritu Santo*

LA CITA MÁS IMPORTANTE DE TODO CRISTIANO

2 Corintios 5:10

I. Introducción

   A. *Vivimos en la época de las citas*

      1. Citas con médicos, dentistas, mecánicos.

      2. A veces las citas terrenales son canceladas.

   B. *Hay una cita a la que todo cristiano tendrá que acudir*

      1. Es más importante que cualquier otra cita.

      2. Es una cita que no se aplazará para otro día.

   C. *Esta cita es ante el tribunal de Cristo*

II. Cuerpo

   A. *Todo tenemos que comparecer delante de aquel que nos salvó*

      1. Es una cita solo para los creyentes.

      2. Los no creyentes serán juzgados más tarde (Ap. 20:5).

      3. Ningún cristiano se librará de comparecer ("Es necesario").

      4. Ninguno quedará fuera ("Todos").

      5. Piense con quienes nos encontraremos. Con aquel:

        a. Que vino a salvarnos.

        b. Que sufrió la cruz por nuestra causa.

        c. Que resucitó para nosotros.

        d. Que nos ha limpiado de todo pecado.

        e. Que escucha nuestras oraciones.

      6. Tenemos que vivir con este encuentro en mente.

   B. *Todos tenemos que comparecer delante del que sabe todo acerca de nosotros*

      1. "Es necesario que todos nosotros comparezcamos".

      2. Apareceremos delante de aquel que conoce a sus ovejas (Jn. 10:27).

        a. Nada quedará oculto en su presencia.

        b. No habrá manera de engañar y escapar de este encuentro.

      3. Algunas cosas que Jesús conoce acerca de nosotros.

        a. Lo que ocupa nuestras mentes.

        b. Lo que leemos en casa y en el trabajo.

        c. En qué gastamos o damos nuestro dinero.

        d. El grado de nuestra dedicación.

        e. Los deseos secretos de nuestro corazón.

      4. ¿Qué ajustes debemos hacer antes de comparecer ante el tribunal de Cristo?

        a. ¿Qué cambios en nuestras prioridades?

        b. ¿Qué cambios en nuestras metas?

   C. *Tenemos que comparecer delante de aquel que nos ha enviado*

1. Todos los cristianos hemos sido llamados a servir.
   a. Llamados a ser embajadores de Cristo (2 Co. 5:20).
   b. Llamados a ser testigos de Cristo (Hch. 1:8).
   c. Llamados a ser su luz y su sal en el mundo (Fil. 2:15).
2. Recompensas que serán entregadas en esta cita (Ap. 22:12).
   a. La corona de vida por ganar almas (1 Ts. 2:19).
   b. La corona de justicia por amar su venida (2 Ti. 4:8).
   c. La corona de vida por soportar la tentación (Stg. 1:12).
   d. La corona de gloria por cuidar del pueblo de Dios
      (1 P. 5:4).
3. Las recompensas (o galardones) dependen de cómo
   vivimos aquí.
   a. Lo que hacemos estando en el cuerpo.
   b. Sea bueno o sea malo.

III. Conclusión

A. *La comparecencia ante el tribunal de Cristo sigue al
   arrebatamiento de la iglesia*
B. *Las señales de la venida del Señor son múltiples*
C. *Su cita más importante se acerca cada día más*

UNA VIDA LIBRE DE ANSIEDAD

Mateo 6:25-34

I. Introducción
   A. *Un texto para vencer la ansiedad*
     1. Un texto que nos viene bien a todos.
     2. ¿Quién ha escapado de la tentación de caer en el temor?
     3. La ansiedad, la preocupación, es la opuesto de la fe.
   B. *Un texto que es fácil de comprender*
     1. Habla de alimentos y vestidos.
     2. Habla de pájaros y flores.
   C. *Pasos para una vida libre de ansiedad*

II. Cuerpo
   A. *Piense acerca de su vida (vv. 25-31)*
     1. No se preocupe por su vida.
       a. Olvide preocuparse por su supervivencia.
       b. No se llene de ansiedad por la provisión diaria.
     2. ¿Es que no ha provisto Dios para usted en el pasado?
       a. ¿Cuántas veces se ha ido a la cama hambriento?
       b. ¿Cuántas veces se ha visto sin ropa para vestirse?
     3. Dios alimenta a los pájaros.
       a. Ellos no siembran ni siegan.
       b. Nunca cosechan ni almacenan el alimento.
     4. Dios viste a las flores.
       a. Ellas no fabrican sus pétalos.
       b. Dios las hace bellísimas cada año.
       c. Están mejor vestidas que Salomón.
     5. Usted es más importante que los pájaros y las flores.
     6. Usted es el objeto del amor y de la atención de Dios.
   B. *Piense en el que está arriba (vv. 32, 33)*
     1. "Vuestro Padre celestial sabe".
       a. Cuán reconfortantes son estas palabras.
       b. Nada toma a Dios por sorpresa.
     2. Mientras que usted andaba preocupado.
       a. Dios había estado actuando.
       b. Él era consciente de su situación y obraba.
     3. No se comporte como los que no tienen fe (v. 32).
       a. La ansiedad destruye nuestro testimonio.
       b. Otros necesitan observar su fe.
     4. La gran promesa de fe y provisión (6:33).
       a. Busque primero a Dios.
       b. Todo lo demás nos será dado por añadidura.

C. Viva la vida día a día (v. 34)
    1. Cese en su ansiedad acerca del mañana.
      a. La preocupación no le provee de fuerzas para mañana.
      b. La preocupación puede dejarle sin fuerzas hoy.
    2. El mañana puede ser difícil.
    3. ¿Se puede sentir seguro para el día de hoy?
    4. Dios estará vivo y despierto mañana también.

III. Conclusión
    A. El plan de la Biblia para una vida libre de ansiedad
      1. Recuerde Dios le ama; la cruz demuestra este amor.
      2. Rehuse llevar hoy las cargas del mañana.
      3. Reemplace la ansiedad con pensamientos positivos y
        alabanza (Fil. 4:6-8).
    B. Abandone la ansiedad pecaminosa
    C. Confíe en el Dios que demuestra su amor

CONFESEMOS A CRISTO PÚBLICAMENTE

Lucas 12:8

I. Introducción

A. *¿Se considera usted un creyente secreto?*
   1. ¿Cómo es posible que alguien guarde silencio acerca de Jesucristo?
   2. ¿Por qué no hablarle al mundo entero del Salvador?
   3. José de Arimatea rompió su silencio después de la crucifixión.

B. *Una gran promesa acerca de confesar a Cristo abiertamente*
   1. Confesar a Cristo delante de los hombres trae recompensas.
   2. Él nos confesará delante de los ángeles.

C. *Confesar a Cristo públicamente es tan sencillo como 1, 2, 3*

II. Cuerpo

A. *Confesemos a Cristo reconociéndole con nuestros labios (Ro. 10:9)*
   1. "Si confesares con tu boca".
   2. Hablar acerca de la fe nueva que hemos hallado es normal.
      a. Dejemos que otros sepan que hemos sido salvados.
      b. Esto a menudo lleva a otros a Cristo.
   3. "Díganlo los redimidos de Jehová" (Sal. 107:2).
   4. Pedro y Juan no pudieron guardar silencio acerca de Cristo (Hch. 4:20).
   5. Los nuevos convertidos son a menudo los mejores evangelistas.
      a. Su gozo convence a otros para creer.
      b. Explicar los cambios que han sucedido en ellos resulta en más convertidos.
   6. No debemos avergonzarnos nunca de hablar de Jesús.

B. *Confesemos a Cristo mediante el bautismo (Mt. 28:18-20)*
   1. La importancia del bautismo en la Gran Comisión.
   2. El bautismo era público e importante para la iglesia primitiva.
      a. Tres mil convertidos fueron bautizados (Hch. 2:41).
      b. Felipe bautizó al convertido etíope (Hch. 8:36-40).
      c. Pablo fue bautizado (Hch. 9:18).
      d. Cornelio fue bautizado (Hch. 10:47, 48).
   3. El bautismo es una representación del evangelio.
   4. El bautismo es la identificación pública con Jesús.
      a. Identificación con su muerte.

b. Identificación con su sepultura.

c. Identificación con su resurrección.

5. ¿Ha sido usted bautizado?

6. Su bautismo puede llevar a alguien a Cristo.

C. *Confesemos a Cristo mediante una vida cristiana consecuente (2 Co. 3:2)*

1. Epístolas vivientes "conocidas y leídas por todos los hombres".

a. El mundo busca cristianos que son verdaderos.

b. Otros juzgan a Cristo por la manera en que vivimos.

2. "Todos los cristianos son una Biblia o una difamación" (F. B. Meyer).

3. "Cuando un hombre se hace cristiano incluso su perro y su gato deberían saberlo" (Rowland Hill).

4. Características de Cristo que debería ser manifiestas en nosotros.

a. Su amor por las personas.

b. Su compasión por aquellos en dolor y en necesidad.

c. Su disposición a perdonar.

d. Su humildad (Fil. 2:5-7).

III. Conclusión

A. *¿Ha reconocido hoy a Cristo por medio de sus palabras?*

B. *¿Se ha bautizado usted desde que creyó en Cristo?*

C. *¿Está viviendo una vida cristiana consecuente?*

D. *Los ángeles están interesados en su testimonio*

E. *Otros también están interesados*

¿QUÉ NUEVA ENSEÑANZA ES ESTA?

Hechos 17:15-34

I. Introducción
A. *Pablo en Atenas*
1. La ciudad era el gran centro literario del mundo antiguo.
2. Pablo pidió a Silas y Timoteo que fueran a estar con él (v. 15).
B. *El apóstol se encontró con una ciudad entregada a la idolatría*
1. "Es más fácil encontrar un dios que un hombre" (filósofo griego).
2. "Prácticamente toda deidad falsa adorada en el mundo se podía encontrar en Atenas" (Ironside).
C. *Pablo presenta a Cristo a una ciudad dada a buscar*

II. Cuerpo
A. *Cristo es el cumplimiento del deseo intelectual (vv. 17-21)*
1. Pablo en la sinagoga y en el mercado.
2. Los filósofos discutieron con él.
   a. "¿Qué querrá decir este palabrero?"
   b. Confiaban en que les dijera algo nuevo.
3. Atenas era el centro filosófico del mundo.
   a. Los epicúreos buscaban la felicidad en el placer de la vida.
   b. Los estoicos buscaban la felicidad en la negación de los deseos.
4. Pablo les enseñó acerca de la cruz y de la resurrección de Jesús.
   a. Lo bastante profundo para hacer pensar a los filósofos.
   b. Lo bastante sencillo como para que un niño lo recibiera.
5. Cristo era el intelectual de los intelectuales.
   a. Preguntaba y respondía a los sabios en el templo cuando tenía doce años.
   b. Hablaba con autoridad y el pueblo escuchaba.
   c. No necesitó maestros para entender la mente del hombre.
   d. Conocía y comprendía la naturaleza humana (Jn. 2:23-25).
B. *Cristo es el cumplimiento del deseo religioso (vv. 22-26)*
1. "Observo que sois muy religiosos".
2. La razón por la que el hombre es religioso por naturaleza.
   a. Fue creado para tener comunión con Dios.
   b. Es un pecador y, por lo tanto, se siente culpable.
   c. La ley de Dios está escrita en su corazón (Ro. 2:14, 15).

149

3. Pablo presenta al "Dios no conocido".
4. El Dios desconocido puede ser conocido (2 Ti. 1:12).
   a. El Dios vivo está más allá de los ídolos, altares e imágenes.
   b. Él está más allá de los templos, los libros de liturgia y las ceremonias.
5. Conocemos a Dios por medio de la fe en Jesucristo (Jn. 14:6).
6. Al confiar en Cristo satisfacemos la necesidad que tenemos de comunión con Dios.

C. *Cristo es el cumplimiento del deseo emocional (vv. 27-34)*
   1. Palpando para intentar encontrarle.
      a. Es el único lugar en el NT en el que se usa un término que habla de los "sentidos".
      b. Sin las Escrituras el hombre se halla metido en una búsqueda emocional.
      c. Cuando recibimos a Cristo por la fe los sentimientos apropiados siguen.
   2. Cristo satisface las necesidades emocionales de los que acuden a Él.
      a. ¿Qué emoción es más profunda que el amor?
      b. ¿Qué emoción nos eleva más que el gozo?
      c. ¿Qué emoción es más satisfactoria que la paz?

III. Conclusión

A. *A menos que el deseo intelectual se satisface en Cristo termina en orgullo*

B. *A menos que el deseo religioso se satisface en Cristo termina en formalismo*

C. *A menos que el deseo emocional se satisface en Cristo termina en fanatismo*

D. *Jesucristo es todo lo que necesitamos*

EL CRISTIANO Y LA GUERRA ESPIRITUAL

Mateo 4:1-11

I. Introducción

A. *Todo cristiano está metido en una guerra espiritual*
   1. Nuestro adversario es el diablo (1 P. 5:8).
   2. La salvación no nos libera de esta guerra.
   3. Nos equipa para vencer.

B. *La tentación es una parte diaria de esta guerra*
   1. Van tomados de la mano.
   2. La Biblia en la mano y en el corazón nos asegura la victoria.

C. *Cómo usó Jesús la Biblia cuando fue tentado*
   1. Los versículos que usó para vencer al enemigo.
   2. ¡Cuán apropiados son estos versículos para el conflicto!

II. Cuerpo

A. *"No sólo de pan vivirá el hombre" (vv. 1-4)*
   1. Jesús tenía hambre.
      a. Había ayunado por cuarenta días y noches.
      b. El tentador viene cuando estamos débiles.
   2. "Di que estas piedras se conviertan en pan".
      a. Cristo podía haberlo hecho sin dificultad.
      b. Nunca siguió las sugerencias de Satanás.
      c. Rechácelas incluso cuando parecen buenas.
   3. Jesús rechazó al tentador con las Escrituras (v. 4; Dt. 8:3).
      a. Necesitamos algo más que pan en esta guerra.
      b. La Palabra de Dios debe ser nuestro pan diario.
   4. Podemos derrotar a Satanás con las Escrituras.
   5. La Palabra de Dios es la espada del Espíritu (Ef. 6:17).
   6. La Biblia se debe convertir en nuestro pan diario.

B. *"No tentarás al Señor tu Dios" (v. 7)*
   1. Fue tentado en el pináculo del templo.
      a. Muchas tentaciones vienen en lugares religiosos.
      b. Somos más vulnerables cuando estamos en los lugares elevados.
   2. Satanás empieza ahora a citar las Escrituras (Sal. 91:11, 12).
      a. Los maestros falsos de las sectas citan a menudo las Escrituras.
      b. Satanás viene como un ángel de luz (2 Co. 11:13-15).
   3. El pasaje que Cristo citó para vencer esta tentación.
      a. "No tentarás al Señor tu Dios" (v. 7; Dt. 6:16).

      b. Algunas cosas que tientan a Dios.
        (1) Quejarnos acerca de su provisión (Éx. 7:7).
        (2) No confiar en que Dios cumplirá su promesa
           (Nm. 14:22).
        (3) Dudar del poder de Dios (Sal. 78:41).
        (4) Endurecer nuestro corazón cuando Él nos habla
           (He. 3:8).
    4. ¿Cómo está usted tentando a Dios?
  C. *"Al Señor tu Dios adorarás, y a él sólo servirás" (v. 10)*
    1. Satanás le ofrece a Jesús el mundo si le adora.
    2. "Fuera de aquí, Satanás".
      a. Jesús repite: "Escrito está también".
      b. Adorar a Satanás es abominación para Cristo.
    3. Muchos adoran a personas y cosas en vez de al Señor.
    4. El Señor debe tener toda nuestra adoración y servicio.
      a. ¿A quién o a qué adora usted?
      b. ¿A quién sirve?

III. Conclusión

  A. *¿Está usted luchando con la tentación?*
  B. *Lleve la Biblia a esta guerra espiritual*
  C. *La espada del Espíritu le dará la victoria en toda ocasión*

LOS DESEOS DE LOS DISCÍPULOS

Juan 13:36—14:9

I. Introducción

A. *Jesús prepara a sus discípulos para su cercana muerte*
1. A los discípulos les esperaban días difíciles.
2. Cristo les da instrucciones importantes.

B. *Los discípulos tenían en mente algunas preguntas y deseos personales*
1. Pedro quería seguir a Jesús... ahora.
2. Tomás quería conocer el camino al cielo.
3. Felipe quería ver al Padre.

C. *La manera en que Jesús les respondió*

II. Cuerpo

A. *El deseo de Pedro de seguir a Jesús... ahora (13:37)*
1. "¿Por qué no te puedo seguir ahora?"
2. Jesús ya le había dicho a Pedro que no le podía seguir.
   a. "A donde yo voy, no me puedes seguir ahora" (v. 36).
   b. Estaría en condiciones de seguirle más tarde.
3. Pedro estaba tratando de meter el plan de Dios dentro de su propio horario.
   a. No hay nada malo con la dedicación de Pedro.
   b. No hay nada malo con este deseo básico.
   c. Pero no era el tiempo de Dios.
4. Muchos han tratado de cumplir con la voluntad de Dios según su deseo.
   a. Eso con seguridad lleva al fracaso.
   b. El camino y el tiempo de Dios es siempre lo mejor.

B. *El deseo de Tomás de conocer el camino al cielo (14:5)*
1. "¿Cómo, pues, podemos saber el camino?"
2. Tomás acababa de escuchar los versículos más amados sobre el cielo.
   a. Jesús se iría a preparar moradas para ellos.
   b. Prepararía lugares especiales para ellos.
   c. Volvería otra vez y los llevaría con Él.
3. Tomás quería estar seguro de que él sería incluido.
   a. Quería estar allí.
   b. Estaba dispuesto a hacer todo para llegar allí.
4. Le faltaba la seguridad del cielo.
   a. Él debería haber estado seguro del cielo.
   b. Jesús dijo: "Sabéis a dónde voy, y sabéis el camino".
   c. Todos los que conocen a Jesús conocen el camino al cielo.

5. Jesús lo aclara definitivamente para Tomás: "Yo soy el camino..." (v. 6).
   a. El camino: Para que el hombre decida ir por él.
   b. La verdad: Para que la mente humana pueda comprenderla.
   c. La vida: Para que el corazón del hombre pueda experimentarlo.
C. *El deseo de Felipe de ver al Padre (14:8)*
   1. "Señor, muéstranos al Padre, y nos basta".
      a. Muéstranos al Padre y estaremos satisfechos.
      b. Parece una petición razonable.
      c. Pero indica que Felipe no había estado escuchando.
   2. "El que me ha visto a mí, ha visto al Padre".
   3. Tenemos aquí el misterio de la Trinidad.
      a. Para saber acerca del Espíritu Santo, escuche a Jesús.
      b. Para saber acerca de Cristo, escuche al Espíritu Santo.
      c. Para saber acerca del Padre, observe a Jesús.

III. Conclusión
   A. *¿Cuáles son sus deseos?*
   B. *¿Son similares a los de los discípulos?*
   C. *Todos los grandes deseos del alma los tenemos cumplidos en Jesucristo*

EL SEÑOR Y LIDIA

Hechos 16:9-15

I. Introducción

A. *El llamamiento macedonio (v. 9)*

1. La visión de Pablo: "Pasa a Macedonia y ayúdanos".
2. Las expectativas eran grandes en cuanto a las posibilidades de convertidos.

B. *En camino a Filipos*

1. Filipos era una colonia romana.
2. Después de unos cuantos días nada especial había sucedido.
3. A veces nos desanimamos demasiado pronto.

C. *Camino del río*

1. La reunión de oración junto al río.
2. Era una reunión judía; era en un día sábado.
   a. A semejanza de muchas reuniones de oración de hoy: todas eran mujeres.
   b. Ellos se dedicaron a ministrar a las mujeres.
3. Lidia, una mujer gentil en una reunión de oración judía.

II. Cuerpo

A. *Lidia encontró un lugar donde ir para satisfacer sus necesidades (v. 14)*

1. Lidia era una mujer de negocios.
   a. Una vendedora de púrpura de Tiatira.
   b. El Espíritu no le había permitió a Pablo ir a Asia (v. 7).
   c. Dios había llevado una mujer de Asia a Pablo.
2. Lidia había ido a la reunión para adorar a Dios.
   a. Cansada de la idolatría y la vacuidad.
   b. Buscaba al Señor.
   c. Los que buscan al Señor le encuentran (Jer. 29:13).
3. El Señor abrió el corazón de Lidia para escuchar el mensaje de Pablo.
4. ¿Está su corazón abierto al mensaje de Cristo?

B. *Lidia encontró una salvación tan grande que quiso que otros supieran de ella (v. 15)*

1. Fue bautizada.
   a. Miembros de su familia también creyeron y fueron bautizados.
   b. No sabemos cuántos miembros de la familia o empleados.
2. Lidia quería dar testimonio de Cristo públicamente.
   a. Esto debió afectar bastante a los que recibieron su testimonio.

b. Evidentemente un cierto número de personas recibieron a Cristo (v. 40).

3. ¿Por qué quiso Lidia que otros supieran?

a. Había encontrado la posesión más preciosa de la vida.

b. Quería dar a conocer las buenas noticias.

C. *Lidia encontró su bendición tan grande que su gozo rebosó (v. 15)*

1. "Entrad en mi casa".

2. Su gozo la hizo hospitalaria.

a. Invitó a Pablo y a otros a estar en su casa.

b. Confiaba que ellos vieran las evidencias de su fe.

c. Les invitó a quedarse todo el tiempo necesario.

d. Les instó a aceptar su invitación.

3. Amaba ya la comunión con otros creyentes.

4. Dio buenas evidencias de su fe en Cristo.

III. Conclusión

A. *Lidia, una mujer de Asia, fue la primera convertida en Europa*

1. El plan de Dios para alcanzar el mundo es por medio de personas.

2. Ahora el evangelio iría tanto a Europa como a Asia.

B. *Dios había estado obrando en el corazón de Lidia mucho antes de este encuentro*

1. ¿Ha estado Dios hablándole a usted acerca de la salvación?

2. ¿Es esta la razón por la cual está presente aquí?

C. *Permita que Dios abra su corazón para recibir su Palabra*

MANTÉNGASE POSITIVO EN UN MUNDO NEGATIVO

Filipenses 4:6-9

I. Introducción

A. *Vivimos en un mundo negativo (Jn. 16:33)*
1. Este mundo negativo tiene muchos problemas.
2. Somos afectados por los problemas del mundo.
   a. Violencia, guerra, crímenes.
   b. Alcohol, aborto, separaciones familiares.
   c. Hospitales, cementerios, prisiones.

B. *No tenemos que ser personas negativas*
1. Podemos ser personas gozosas (Fil. 3:1).
2. Tenemos que enfocarnos en lo positivo y en la alabanza.
   a. En todo lo que sea verdadero, honesto, justo.
   b. En lo que sea puro, amable, de buen nombre.
   c. "Si hay virtud alguna, si algo digno de alabanza".
3. Con todo, a veces los cristianos son negativos, quejosos.

C. *¿Cómo podemos permanecer positivos en este mundo negativo?*

II. Cuerpo

A. *Debemos responder al amor de Dios (vv. 6, 7)*
1. Dios nos ama a pesar de las circunstancias.
2. El amor de Dios se manifiesta en la creación.
3. El amor de Dios aparece revelado en la Biblia.
4. Ese amor se ve con más claridad en la cruz.
5. Aparece demostrado mediante oraciones respondidas.

B. *Debemos reprogramar nuestra manera de pensar (v. 8)*
1. Somos constantemente bombardeados con mensajes negativos.
2. El lado negativo de esta época de comunicaciones instantáneas.
   a. Somos continuamente conscientes de los problemas del mundo.
   b. Nos informan inmediatamente de todos los actos de violencia.
3. Hay peligros psicológicos en una información negativa constante.
4. También hay peligros físicos por la misma razón.
5. La importancia de contar con una edificación de la fe.
   a. Desarrollando la vida devocional.
   b. Lectura diaria de la Biblia y oración.

    c. Comenzar cada día con acción de gracias.

    d. Esperar la presencia de Dios en la vida.

C. *Debemos reconocer lo mejor en otros (v. 8)*

    1. Todos somos imperfectos.

      a. No hay personas ni iglesias perfectas.

      b. No hay pastores perfectos.

    2. Las personas tienen muchas cosas positivas en ellas.

      a. Algunos son verdaderos, honrados y justos.

      b. Algunos son amigos leales.

      c. Algunos hacen cosas dignas de elogio.

    3. "Doy gracias... siempre que me acuerdo de vosotros" (Fil. 1:3).

      a. ¿Cómo podía Pablo decir eso?

      b. Él decidió recordar todo lo positivo acerca de ellos.

D. *Debemos acercarnos a los perdidos y a los que sufren (v. 9)*

    1. Veamos las necesidades de las personas en vez de sus faltas.

    2. Pablo rogó a los filipenses que hicieran lo que él hacía.

      a. El apóstol estaba siempre procurando alcanzar a los perdidos.

      b. Amaba a las almas y anhelaba su salvación.

    3. Ganar almas para Cristo produce gran gozo (Sal. 126:6).

III. Conclusión

    A. *La fe en Cristo nos capacita para ser positivos en este mundo negativo*

    B. *Un testimonio positivo llevará a otros a Jesucristo*

LO QUE SIGNIFICA ESTAR PERDIDO

Lucas 19:10; Efesios 2:12; Juan 3:26

I. Introducción

A. *"Perdido" en una palabra perdida en muchas iglesias*
1. La mayor parte de la predicación y la enseñanza dirigida a otros temas.
2. Los temas más agradables y populares tienen prioridad.

B. *Esa palabra perdida mantiene a muchos perdidos*
1. Las personas necesitan conocer las consecuencias del pecado.
2. Necesitan saber cuán serio es estar perdido.
3. Jesús vino a buscar y salvar lo que se había perdido (Lc. 19:10).

C. *¿Qué significa estar perdido?*

II. Cuerpo

A. *Estar perdido es estar sin esperanza (Ef. 2:12)*
1. "Sin esperanza".
2. La esperanza tiene que ver con la seguridad de la salvación.
   a. "La esperanza que os está guardada en los cielos" (Col. 1:5).
   b. "Cristo en vosotros la esperanza de gloria" (Col. 1:27).
   c. "La esperanza... tenemos como... ancla del alma" (He. 6:19).
   d. Una esperanza que es "firme y segura" (He. 6:19).
3. Los perdidos no tienen posibilidad del cielo.
   a. Cuando nuestros amados mueren usan nuestro vocabulario cristiano.
   b. Hablan de volver a ver a sus seres queridos, pero no pueden estar seguros.
4. Estar perdido es estar sin esperanza.

B. *Estar perdido es estar sin Dios en el mundo (Ef. 2:12)*
1. "Sin Dios en el mundo".
2. Pablo les recuerda a los creyentes efesios acerca de su pasado.
   a. Ellos habían vivido una vez sin esperanza.
   b. Habían vivido sin Dios en el mundo.
3. Momentos cuando las personas necesitan mucho a Dios.
   a. Cuando están en profunda angustia emocional.
   b. Cuando se ven amenazados con la ruina económica.
   c. Cuando enfrentan graves enfermedades y operaciones quirúrgicas.

     d. Cuando los problemas familiares les llenan de
       desesperanza.
    4. Los cristianos se refugian en el Señor en tales ocasiones.
    5. Los perdidos no tienen lugar a donde ir.
     a. La pregunta de Pedro: "Señor, ¿a quién iremos?" (Jn. 6:68).
     b. ¡Qué triste es verse solo en tiempos de dificultad!
  C. Estar perdido es estar sin vida eterna (1 Jn. 5:12)
    1. "El que tiene al Hijo tiene la vida".
    2. La vida aquí es corta aun para los más ancianos.
     a. Vivimos un promedio de 70 a 80 años.
     b. La ciencia médica no puede prolongar la vida mucho más.
    3. Cristo nos ofrece vida eterna (Jn. 3:16; 5:24).
     a. ¿Quién puede comprender la eternidad?
     b. "No quedan menos días para alabar al Señor que
       cuando empezamos"
      (John Newton).
    4. ¿Tiene usted seguridad de la vida eterna?

III. Conclusión

  A. Todos somos pecadores (Ro. 6:23)
  B. No se necesita ningún pecado más para estar perdido para
    siempre
  C. Cristo murió por los pecadores (Ro. 5:8)
  D. Lo que reciben los pecadores cuando acuden a Cristo para
    ser salvos
    1. Reciben esperanza (seguridad de la salvación).
    2. Reciben comunión con Dios.
    3. Reciben vida eterna.
  E. ¿Por qué no viene a Él ahora?

EL PODER DE LA ACCIÓN POSITIVA

Colosenses 3:23

I. Introducción
A. *Pablo, el hombre emocionalmente maduro*
1. Se regocijaba en el Señor siempre (Fil. 4:4).
2. Experimentaba una paz que sobrepasaba todo entendimiento (Fil. 4:7).
3. Estaba contento en toda situación (Fil. 4:11).

B. *Pablo, el hombre de acción*
1. No se acurrucaba en un rincón temeroso de avanzar.
2. No temblaba acerca del futuro; tenía mucho que hacer hoy.
3. No vivía desesperado; había mucho que vivir hoy.
4. No se demoraba; había muchos que ganar para Cristo.

C. *Haga algo para Cristo que le lleve a crecer*

II. Cuerpo
A. *Haga algo para enriquecer su vida cristiana*
1. Tome en serio el estudio de la Biblia.
2. Empiece a memorizar versículos bíblicos.
3. Haga una lista de sus bendiciones y empiece a dar gracias.
4. Lea un libro cristiano.
5. Deseche toda amargura y enojo: perdone a todos.

B. *Haga algo para su familia*
1. Pida a su cónyuge que le perdone por estar enojado.
2. Exprese aprecio por lo que sus amados hacen por usted.
3. Abrace a sus hijos y dígales que los ama.
4. Ayude a los miembros de la familia a desarrollar sus talentos.
5. Llame a sus padres y dales las gracias por sus amor y sus oraciones.
6. Deje de quejarse y empiece a elogiar a los demás.
7. Empiece a tener tiempos devocionales diarios con su familia.

C. *Haga algo por su iglesia*
1. Escriba una nota de aprecio para su pastor.
2. Ofrézcase como voluntario para enseñar una clase de la Escuela Dominical.
3. Ofrézcase para llevar personas al templo.
4. Visite a los ausentes e informe de los resultados a su pastor.
5. Incremente sus ofrendas.
6. Rehuse tomar parte en chismes y críticas sobre los líderes.
7. Cante en el coro o use su talento en vez de esconderlo.
8. Empiece un grupo de oración buscando avivamiento.

D. *Haga algo para cumplir con su parte en la evangelización del mundo*
1. Póngase en contacto con sus vecinos e invítelos a ir al templo.
2. Visite personas que viven solas y que necesitan a Cristo.
3. Empiece a dar tratados cada día.
4. Escriba a un misionero y envíele un donativo.
5. Tome una clase sobre evangelismo personal.
6. Incremente sus ofrendas para las misiones.
7. Ore por las necesidades especiales de los misioneros.

III. Conclusión
A. *Dejemos de ser cristianos de medio tiempo*
1. Debemos servir al Señor de todo corazón.
2. No hay división de lo secular y lo sagrado para el cristiano.
3. Todo lo que hacemos debemos hacerlo como para el Señor.
B. *"La iglesia de Dios se mueve como un ejército poderoso", dice un himno*
1. Demasiado a menudo esto no es cierto.
2. Empecemos a que sea verdad con usted y conmigo.
3. Puede que hayamos llegado al reino para un tiempo como este.

LA FE QUE NO SALVA

Santiago 2:14-26

I. Introducción

A. *Somos salvos por la fe (Ef. 2:8; Ro. 5:1)*
  1. Nadie puede salvarse mediante buenas obras (Ef. 2:9).
  2. Nadie puede salvarse guardando le ley (Gá. 2:16).
  3. Nadie puede salvarse sino por la fe en Jesucristo (Jn. 14:6).
B. *Asombrosas declaraciones de Santiago acerca de la salvación por la fe*
  1. Parecen contradictorias de lo que dice Pablo.
  2. En realidad están en completo acuerdo con Pablo (Ro. 10:9, 10).
C. *¿Cuál es esta fe que Santiago dice que no salva?*

II. Cuerpo

A. *La fe que es solo profesión no salva (vv. 14-17)*
  1. "¿De qué aprovechará si alguno dice que tiene fe, y no tiene obras?"
    a. El énfasis está en "dice".
    b. Esto es mera profesión sin evidencias de salvación.
  2. Este profesante de la fe no muestra los frutos de la fe.
    a. Su fe no produce resultados visibles.
    b. Es como hablarle amablemente al hambriento, pero sin alimentarle.
  3. Pablo está de acuerdo: La fe en Cristo nos hace diferentes (2 Co. 5:17).
    a. La salvación hace que abandonemos las viejas tendencias y costumbres.
    b. Todas las cosas son hechas nuevas para los que nacen de nuevo.
B. *La fe que no produce vida espiritual no salva (vv. 17, 18)*
  1. "La fe, si no tiene obras, es muerta en sí misma".
  2. Esa fe es una falsificación.
    a. No es una confianza de niño en Cristo.
    b. No es confiar en Cristo solamente.
    c. Se le llama fe pero no es fe.
    d. Es un acto o experiencia religiosa llamado fe.
  3. La fe en Cristo siempre produce nueva vida (Jn. 3:3-5, 16).
    a. No hay excepciones.
    b. Jesús no echa fuera a nadie (Jn. 6:37).
    c. Esta invitación es para "todo aquel" (Ro. 10:13).
C. *La fe que es solo asentimiento intelectual no salva (v. 19)*

1. Creer en los hechos no es necesariamente fe.
   a. Los demonios creen que hay Dios.
   b. Tiemblan cuando piensan en ello.
   c. Su aceptación de este hecho no les sirve de mucho.
2. Podemos estar de acuerdo con los hechos del evangelio y seguir perdidos.
3. El asentimiento intelectual no es en realidad fe.
   a. Es como "un evangelio diferente" del que Pablo habla en Gálatas 1:6.
   b. Pablo dice que eso lo llamaban el "evangelio" (Gá. 1:7).
4. La persona debe pasar de los hechos a la fe para ser salva.

III. Conclusión
   A. *Ejemplos de fe vida (vv. 21-25)*
   1. Abraham confió en Dios y eso le llevó a la obediencia.
   2. Su fe produjo obras.
   3. Vino a ser conocido como el amigo de Dios.
   4. La fe de Rahab la llevó a salvar a los espías hebreos.
   B. *Aquel que pone su fe en Cristo como Salvador tiene fe viva*
   1. No es simple profesión.
   2. No es una falsificación.
   C. *Esta es fe bíblica*
   1. No crea que es difícil de conseguir.
   2. Es la respuesta del pecador al amor de Dios mostrado en la cruz.
   3. Es confiar en Jesús con una fe de niño.

EL MÁS GRANDE MENTIROSO DEL MUNDO

Juan 8:44; Juan 10:10

I. Introducción

A. *Preguntas y respuestas acerca del diablo*

1. ¿Es Satanás una verdadera personalidad o solo una fuerza maligna?

   a. Algunos dicen que no es un ser sino una tendencia al mal.

   b. La Biblia afirma que es una personalidad (Mt. 4:1; Ap. 20:2).

2. ¿Está el diablo ahora en el infierno?

   a. No, pero ese será su lugar futuro (Ap. 20:10).

   b. Ahora está activo tentando y destruyendo (1 P. 5:8).

B. *¿Cómo es el diablo? ¿A qué es semejante?*

II. Cuerpo

A. *Es un homicida (Jn. 8:44)*

1. "Él ha sido homicida desde el principio".

2. Satanás el homicida, y el pecado (Ro. 6:23).

   a. La advertencia de Dios acerca del fruto prohibido: muerte (Gn. 3:3).

   b. Satanás convenció a Adán y Eva de que no morirían (v. 4).

   c. Por causa de su desobediencia la muerte pasó a todos nosotros (Ro. 5:12).

3. Satanás se deleita en la destrucción del hombre.

4. Dios se deleita en la salvación del hombre.

5. Satanás el homicida, y la sociedad.

   a. Tienta a las personas a matar por medio de la envidia (Caín).

   b. Los tienta a lo mismo por medio de la lujuria (Herodes).

   c. Los tienta a matar por medio de la codicia (Acab).

6. Satanás el homicida, y la destrucción del ser.

   a. Judas después de la traición de Jesús.

   b. Tienta a las personas al suicidio a causa de la desesperación.

   c. Tienta a las personas al suicidio al sentir que no son amados.

B. *Es un mentiroso (Jn. 8:44)*

1. "Porque es mentiroso, y padre de mentira".

2. Es padre de la falsedad.

   a. La primera mentira registrada: "No moriréis".

b. La muerte ha fluido de aquella mentira a través de los siglos.

3. Algunas mentiras que nos vienen del mentiroso más grande del mundo.

a. Nos promete libertad y nos da esclavitud.

b. Nos promete felicidad y nos da dolor.

c. Nos promete diversión y nos da frustración.

d. Nos promete alegría y nos da miseria.

4. Satanás miente tanto a jóvenes como adultos.

a. Se deleita en arruinar la vida de los jóvenes.

b. Nunca somos demasiado viejos para ser tentados.

C. *Es un ladrón (Jn. 10:10)*

1. "Para hurtar y matar y destruir".

2. Los ladrones y *el ladrón*.

a. Muchos falsos cristos vinieron antes de Jesús y después de Él.

b. Su propósito es hurtar, matar y destruir a las ovejas.

c. Satanás es *el ladrón*, el que está detrás de todos ellos.

3. Satanás trató de robar el trono de Dios (Is. 14:12-14).

4. Trata de robar el lugar de Dios en nuestra vida.

5. Trata de robar el derecho de Dios de ser adorado (Mt. 4:9).

III. Conclusión

A. *Cómo vencer al mentiroso más grande del mundo*

1. Sujétese a Dios y resista al diablo.

2. Santiago dice: Resistid al diablo "y huirá de vosotros" (Stg. 4:7).

B. *Vencemos al mentiroso por medio de aquel que es la verdad*

C. *Cristo nos da la victoria sobre Satanás en toda ocasión*

EL DIABLO CON SU MEJOR TRAJE

2 Corintios 11:13-15

I. Introducción

A. *Malentendidos acerca del diablo*
1. Las caricaturas y los chistes no dicen la verdad.
2. El diablo no está ahora en el infierno.

B. *El florecimiento de las religiones satánicas en los últimos días (1 Ti. 4:1)*
1. Las personas se relacionan con espíritus engañosos.
2. Aceptan con facilidad doctrinas de demonios.

C. *El diablo es más peligroso cuando se viste de respetabilidad*
1. ¿Cómo podemos reconocer a nuestro enemigo cuando se disfraza?
2. ¿Qué hace el diablo cuando aparece con su mejor traje?

II. Cuerpo

A. *Está procurando complicar el evangelio (v. 13)*
1. El sencillo y maravilloso mensaje del evangelio (1 Co. 15:3, 4).
   a. Cristo murió por nuestros pecados conforme a las Escrituras.
   b. Fue sepultado y resucitó conforme a las Escrituras.
2. Somos salvos solo por la fe (Jn. 3:16).
3. Los falsos maestros agregan a la gracia el hacer obras o guardar la ley.
   a. Eso les ocurrió a los creyentes de Galacia (Gá. 3:1-3).
   b. Pablo señaló los errores de esta enseñanza (Gá. 2:21).
4. Los argumentos del diablo parecen muy convincentes.
   a. Parece que apuntan a un nivel más alto de santidad.
   b. Ridiculiza eso de ser salvos por gracia por medio de la fe.
5. Añadirle al evangelio no es mejorarlo sino empobrecerlo.
   a. Añadirle algo a la fe reduce el poder de la fe.
   b. Agregar obras o legalismo sustrae de la gracia.
6. Manténgase en la simplicidad del mensaje de Cristo (2 Co. 11:3).

B. *Está contradiciendo el mensaje de la cruz (v. 14)*
1. El diablo aborrece el mensaje de la cruz.
2. Satanás engañó temporalmente a Pedro acerca de la cruz (Mt. 16:23).
   a. "En ninguna manera esto te acontezca" (Mt. 16:22).
   b. "¡Quítate de delante de mí, Satanás!" (Mt. 16:23).

3. Hay solamente dos religiones.
   a. La religión de Satanás dice: "Haz esto y vivirás".
   b. Jesucristo dice: "Consumado es; cree y vivirás".
4. Rechazar la cruz apela a algunos.
   a. La cruz parece demasiado violenta, demasiado sangrienta.
   b. Algunos himnarios ya no contienen himnos acerca de la sangre.
   c. Solo el camino de la cruz lleva al cielo.
C. *Está causando controversia entre los cristianos (2 Co. 11:15)*
   1. Los seguidores de Satanás aparecen como justos.
      a. Muchos que causan dificultades en las iglesias aparecen como muy correctos.
      b. La amargura y la disensiones son del diablo (Stg. 3:14-16).
   2. El diablo trato de dividir y conquistar.
   3. Los creadores de problemas aparecen a menudo como muy espirituales.
   4. Cuando los hermanos se perdonan unos a otros el diablo queda derrotado.
      a. El perdón avivaría a muchas iglesias.
      b. Eliminar las disensiones (contiendas) agrada al Señor (Stg. 3:17, 18).

III. Conclusiones

A. *Reconozca al diablo cuando viene con apariencia de respetabilidad*
   1. Resístalo cuando aparece con su mejor traje.
   2. Llévelo a la cruz donde fue derrotado por Cristo.
B. *Cristo un día expondrá a la luz al diablo para mostrar lo que realmente es*
C. *¡Regocíjese! Los creyentes vamos al cielo y el diablo irá al infierno*

CÓMO MANEJAR LAS PRESIONES DEL FIN DE LOS TIEMPOS

Lucas 21:25, 26; Juan 14

I. Introducción

A. *Cristo que murió y resucitó vendrá otra vez*
1. Varios pasajes bíblicos describen las condiciones antes de su regreso.
2. Nuestro texto revela que habrá días difíciles en el futuro.

B. *El terror triple de los últimos días y cómo manejarlo*
1. Angustia, confusión y temor serán epidémicos.
2. El Espíritu Santo equipa a los creyentes para triunfar sobre ellos.

II. Cuerpo

A. *Cuando estamos angustiados el Espíritu Santo nos consuela (Jn. 14:16)*
1. "En la tierra angustia de las gentes" (v. 25).
2. Definición de angustia: "Una condición de aflicción, agotamiento o espanto; un estado de extrema necesidad".
3. Nuestra más grande necesidad en la angustia es consuelo.
4. El Espíritu Santo es nuestro Consolador.
5. En este mundo tenemos aflicción (Jn. 16:33).
   a. Pasamos por situaciones que nunca pensamos que pasaríamos.
   b. Pasamos por experiencias que nunca pensamos que podríamos.
6. Nunca experimentamos las dificultades solos.
   a. El Espíritu Santo vive dentro del creyente.
   b. Nuestro Consolador está siempre con nosotros.
7. ¿Cuándo necesitamos consuelo?
   a. Cuando la muerte se lleva a un ser querido.
   b. Cuando otros se vuelven contra nosotros.
   c. Cuando los sucesos parecen fuera de control.
8. El Espíritu Santo reemplaza la angustia con la paz.
9. El Consolador nunca nos fallará.

B. *Cuando estamos perplejos el Espíritu Santo nos aconseja (Jn. 14:26)*
1. Perplejidad: "No saber qué hacer, no encontrar el camino".
   a. ¿Se siente atrapado por sus problemas?
   b. Necesita la dirección del Señor.
2. Cuando Jesús estaba con sus discípulos Él los enseñaba.
3. Después de la ascensión de Jesús el Espíritu los enseñó.
   a. Les capacitó para recordar.

b. Les guió a toda verdad.

c. Les enseñó qué decir.

4. El Espíritu Santo hace hoy lo mismo para los cristianos.

a. Les guiará a través de los tiempos de perplejidad.

b. Él sabía venía y conocía la manera de salir de ello.

C. *Cuando estamos atemorizados el Espíritu Santo nos imparte fe (Jn. 14:27)*

1. "Desfalleciendo los hombres por el temor" (v. 26).

2. Cuando tenemos temor necesitamos que la fe aumente.

a. El temor y la fe son opuestos.

b. Al aumentar la fe el temor decrece.

3. Cómo nos imparte la fe el Espíritu Santo.

a. Por medio de la Biblia.

b. Por medio de la experiencia.

c. Por medio de las oraciones respondidas.

4. "No se turbe vuestro corazón, ni tenga miedo" (Jn. 14:27).

III. Conclusión

A. *Cese de apagar el Espíritu (1 Ts. 5:19)*

1. Acepte su consuelo cuando está angustiado.

2. Acepte su consejo cuando se encuentra perplejo.

3. Acepte su paz cuando tiene temor.

B. *Estos tiempos difíciles son indicaciones de que nuestro Señor regresará pronto*

UNA VIDA A TODA PRUEBA

Salmo 46

I. Introducción

A. *Un salmo para momentos cuando su mundo se tambalea*

1. Hay muchos momentos cuando el mundo se tambalea en la vida.

2. Quizá usted se ha visto zarandeado por alguna experiencia reciente.

3. Aquí tiene un salmo que le traerá paz a su atribulado corazón.

B. *El escenario de este salmo consolador*

1. Fue escrito cuando un ejército extranjero invadió Israel.

2. Es ideal para los que son blanco del enemigo.

C. *Lo que nos ofrece el salmo para nuestros tiempos de aflicción*

II. Cuerpo

A. *La presencia de Dios (v. 1)*

1. Dios aparece al comienzo del salmo.

   a. No como un ser supremo impersonal.

   b. Este es el Dios que nos ama.

2. El secreto de la paz está en la relación personal con Dios.

   a. "Dios es nuestro amparo…"

   b. Como el Salmo 23: "Jehová es mi pastor".

3. "Nuestro amparo" (lugar de protección).

   a. Nos refugiamos en Dios cuando vienen las tormentas.

   b. Estamos a salvo con Él cuando nuestro mundo tiembla.

4. "Nuestra fortaleza".

   a. Dios da fortaleza a los que están débiles.

   b. Esperar en el Señor renueva nuestra fortaleza (Is. 40:31).

5. "Nuestro pronto auxilio en las tribulaciones".

   a. Nuestro Dios está siempre con nosotros.

   b. Él es más grande que cualquier problema que enfrentemos.

B. *La paz de Dios (vv. 2-7)*

1. "Por tanto, no temeremos".

   a. La fe emerge y se eleva.

   b. Cuando la fe llega el temor se va.

   c. ¿Ha puesto su fe en aquel que calma el mar?

2. No temeremos "aunque la tierra sea removida" (v. 2).

3. Aunque las montañas se hunda en el fondo del mar (v. 2).

4. No temeremos aunque ruja el mar y se agiten sus olas (v. 3).

5. Aunque los montes sean sacudidos por un terremoto (v. 3).

6. La paz se nos multiplica aquí al fijar nuestros ojos en el cielo.
   a. El río de la vida está allí.
   b. La ciudad de Dios está allí.
   c. Cristo está preparando lugar para nosotros allí (Jn. 14:1-3).
7. Mientras tanto, "Jehová de los ejércitos está con nosotros".

C. *Las promesas de Dios (vv. 8-11)*
1. Dios está obrando incluso cuando nuestro mundo se tambalea (Ro. 8:28).
2. Dios hace que las guerras cesen.
   a. Hace que las armas queden inútiles.
   b. Spurgeon: "Él destruye a los destructores".
3. Podemos estar quietos y dejar el futuro en las manos de Dios.
   a. Nos ha salvado por medio de la fe en Cristo (Ro. 5:1).
   b. Somos parte de su familia de amor (Jn. 1:12, 13).

III. Conclusión

A. *El salmo empieza y termina con Dios*
1. ¡Qué gran consuelo para los tiempos de dificultades!
2. Empezamos y terminamos el día en la presencia de Dios.
B. *Dios es suficiente cuando nuestro mundo tiembla*
C. *Podemos confiar que con Él pasaremos las tormentas con seguridad*

TIEMPO DE COMUNIÓN (CENA DEL SEÑOR)

1 Corintios 11:23-34

I. Introducción

A. *Diferencias en la frecuencia de la Cena del Señor*

   1. Algunos toman la Cena cada semana, cada mes o cada trimestre.

   2. La Biblia no establece unas fechas determinadas.

B. *Algunas diferencias en detalles en la celebración de la Cena del Señor*

   1. Algunas iglesias lo limitan a sus miembros.

   2. Otras iglesias invitan a todos los creyentes a que participen.

   3. En algunas los creyentes van al altar; en otras son servidos en las bancas.

C. *Tomar la comunión no salva; somos salvos solo por la fe en Jesucristo*

D. *¿Cuáles son, pues, los propósitos de la Cena del Señor?*

II. Cuerpo

A. *Es una oportunidad para recordar los sufrimientos y la muerte de Cristo (vv. 24, 25)*

   1. "Haced esto en memoria de mí".

     a. Se aplica tanto al pan como al vino.

     b. Símbolos de su cuerpo y sangre.

   2. Cuánto debe significar la cruz para el Señor.

     a. Los sacrificios del Antiguo Testamento miraban hacia ella (Jn. 1:29).

     b. Los cielos cantan acerca de ella (Ap. 5:9).

     c. La comunión nos la recuerda.

   3. ¿Por qué es tan importante recordar los sufrimientos de Cristo?

     a. Nos recuerda la seriedad del pecado.

     b. Nos recuerda el amor y la gracia de Dios.

     c. Nos recuerda que hemos sido perdonados.

B. *Es una ocasión para mirar hacia la segunda venida de Cristo (v. 26)*

   1. "Hasta que él venga".

   2. La comunión nos recuerda la cruz y su venida.

   3. También nos recuerda sus sufrimientos y su gloria.

   4. Cada Santa Cena nos acerca al regreso de Cristo.

     a. Esta debería ser una experiencia purificadora (1 Jn. 3:3).

     b. Al considerar el precio pagado por nuestros pecados.

     c. Al pensar en la venida de nuestro Salvador sin pecado.

5. Cristo puede regresar en el momento cuando algunas iglesias están celebrando la comunión.
   a. ¿Estaría usted listo si Él regresara hoy?
   b. ¿Se sentiría usted seguro o avergonzado (1 Jn. 2:28)?

C. *Es un tiempo de examen de conciencia y de confesión de pecados (vv. 28-31)*
   1. "Pruébese cada uno a sí mismo".
      a. A la luz de la cruz.
      b. A la luz del regreso de Cristo.
   2. Es peligroso ser descuidados acerca de la Santa Cena (1 Co. 11:30).
      a. Algunos habían enfermado.
      b. Algunos habían muerto a causa de esto.
   3. El examen de conciencia y la confesión de pecados previenen el castigo.
      a. El juzgarnos a nosotros mismos previene que Dios nos juzgue (v. 31).
      b. La confesión de pecados nos trae el perdón (1 Jn. 1:9).
   4. Esta es una preparación apropiada para la Santa Cena.

III. Conclusión

A. *La Santa Cena debería mantener clara nuestra visión de la cruz*
B. *La Santa Cena debería renovar nuestra expectativa del regreso de Cristo*
C. *La Santa Cena debería conservar nuestro corazón sensible a los pecados personales*
D. *¿Está usted listo para la Santa Cena?*

PAZ CON DIOS

Romanos 5:1-6

I. Introducción

A. *La paz: Una posesión muy valiosa*
1. "Tenemos paz para con Dios por medio de nuestro Señor Jesucristo".
2. Este es un versículo clave en este libro importante.
   a. Hasta este momento se habla de pecado, convicción, conclusiones.
   b. A partir de ahora se habla de servicio, sacrificio y santificación.

B. *El mundo anda en busca de la paz personal*

C. *La paz con Dios es la más importante de todas*
1. ¿Cómo la conseguimos?
2. ¿Qué hará por nosotros en el futuro?
3. ¿Qué hará por nosotros ahora?

II. Cuerpo

A. *La paz con Dios es nuestra por medio de la fe en Jesucristo (v. 1)*
1. Esa es una lección que nos cuesta aprenderla.
2. Algunas cosas que no nos traen paz con Dios.
   a. Tener pena por haber pecado.
   b. Levantar la mano o pasar al frente durante un llamamiento en el templo.
   c. Guardar los Diez Mandamientos.
   d. Orar.
3. La paz con Dios viene solo por medio de la fe en Cristo.
   a. ¿Quién puede tenerla? Los pecadores.
   b. ¿Cuándo pueden tenerla? Cuando son justificados.
   c. ¿Cómo son justificados? Por la fe.
   d. ¿Fe en quién? En nuestro Señor Jesucristo.

B. *La paz con Dios nos da una anticipación de la eternidad (v. 2)*
1. "Y nos gloriamos en la esperanza de la gloria de Dios".
2. Sin la paz con Dios no miramos hacia la eternidad.
   a. Por delante está el juicio y el infierno.
   b. Cada paso que damos nos acerca a ellos.
   c. Cada latido de corazón nos lleva más cerca del dolor, el sufrimiento y el infierno.
3. Sin la paz con Dios no estamos preparados para morir.
   a. No estamos preparados para vivir hasta que no lo estamos para morir.

     b. No podemos tener paz hasta que no estamos seguros del cielo.

     c. No podemos estar seguros del cielo hasta que no tenemos paz con Dios.

   4. La paz con Dios nos habilita para mirar con confianza al futuro.

     a. Podemos pensar acerca de las mansiones preparadas para nosotros.

     b. Podemos regocijarnos en el encuentro con nuestros amados.

     c. Podemos anticipar el estar con Cristo.

C. *La paz con Dios nos da una comprensión de la vida (vv. 3-5)*

   1. "La tribulación produce paciencia".

   2. Empezamos a ver que hay una razón de ser en nuestras dificultades.

     a. Las dificultades nos hacen pacientes.

     b. La paciencia contribuye a la experiencia.

     c. La experiencia nos trae esperanza.

     d. La esperanza no nos desilusiona.

   3. El Espíritu Santo derrama el amor de Dios en nuestros corazones.

   4. Este amor nos ayuda a tener confianza, incluso en las pruebas.

III. Conclusión

A. *Dios le invita a que tenga paz con Él*

B. *Cristo murió por nosotros a fin de que pudiéramos tener esta paz (v. 6)*

C. *¿Recibirá usted a Cristo por la fe y tendrá así paz con Dios?*

PAREZCAMOS GANADORES

Hebreos 12:1, 2

I. Introducción

A. *Tres emocionantes capítulos sobre la fe*
1. Somos salvos por la fe (cap. 10).
2. Estos vivieron la vida de fe (cap. 11).
3. De esta manera hay que vivir la vida de fe (cap. 12).

B. *Compitamos en la Olimpiada de la Fe*
1. Es la más importante de todas las carreras.
2. ¿Cómo podemos ganar la carrera?

II. Cuerpo

A. *Debemos mirar a nuestro alrededor (v. 1)*
1. Todos estamos en un gran estadio.
   a. Muchos están viendo la carrera.
   b. Todos los ojos están puestos en los corredores.
2. Los hijos de Dios han estado siempre bajo escrutinio.
   a. Noé era observado mientras construía el arca y predicaba.
   b. Abraham era observado mientras se encaminaba a Canaán.
   c. Moisés era observado mientras se acercaba a Canaán.
3. Todos somos observados para ver cómo corremos la carrera de la fe.
   a. "Tan grande nube de testigos" nos mete en una gran responsabilidad.
   b. Muchos están esperando que corramos bien.
   c. Algunos entrarán en la carrera de la fe al ver cómo corremos.
   d. Al vernos, algunos pueden decidir no correr.
4. ¿Se parece usted a un ganador para los testigos de hoy?

B. *Debemos mirar dentro de nosotros (v. 1)*
1. Una ganador se prepara para ganar.
   a. Ganar no es por accidente.
   b. Ganar requiere dar pasos que nos lleven a la victoria.
2. A los corredores les estorba el peso.
   a. Los ganadores no corren con ropas pesadas.
   b. Los ganadores no llevan nada que los frene.
3. ¿Qué le está estorbando en la carrera cristiana?
   a. Deje a un lado todo lo que opaque su interés por Dios.
   b. Despójese de todo lo que le aparta de la Biblia.
   c. Elimine todo lo que dañe su testimonio.
   d. Apártese de todo lo que le separa de la iglesia.

177

4. Lo que estorba no merece la pena ante el riesgo de perder la carrera.

C. *Debemos mirar a Jesús (v. 2)*

    1. "Puestos los ojos en Jesús".

        a. Cinco palabras para los ganadores.

        b. Otros nos pueden fallar.

        c. Jesucristo nunca nos va a fallar.

    2. ¿Por qué mirar a Jesús?

        a. Para alentarnos (v. 3).

        b. Para ser consistentes (13:8).

        c. Como nuestro ejemplo (1 P. 2:21).

    3. Jesús es el autor y consumador de nuestra fe.

        a. Los ganadores siempre empiezan y terminan bien.

        b. Los ganadores se entregan por completo a la carrera.

III. Conclusión

    A. *La carrera de la fe requiere gran paciencia*

    B. *El gozo espera a todos al final de la carrera*

EL SEÑOR INSTRUYE A SUS HIJOS

Hebreos 12:5-13

I. Introducción
A. *La "disciplina" les asusta a muchos*
1. Les trae la imagen de una espada lista para caer.
2. La palabra significa "instrucción del hijo".
B. *La familia de Dios*
1. Nacer de nuevo nos hace miembros de la familia de Dios.
2. Nuestro buen Padre celestial no es un verdugo.
3. Su disciplina es siempre para nuestro bien.

II. Cuerpo
A. *A los que Dios disciplina (vv. 5, 6)*
1. El Señor disciplina a los que ama.
2. Disciplina a sus hijos.
   a. Los inconversos no son disciplinados.
   b. Los perdidos se enfrentan al juicio y al infierno.
3. Algunos creyentes a los que Dios disciplinó en el pasado.
   a. A Jonás por desobediencia.
   b. A David por su pecado con Betsabé.
   c. Dios castigó a Israel por su incredulidad.
4. No podemos pecar y ganar.
   a. Los cristianos no pueden pecar y salirse con la suya.
   b. Los padres que no disciplinan son negligentes.
   c. Dios no es negligente con sus hijos.
B. *¿Por qué disciplina Dios? (vv. 7, 8)*
1. Dios nos disciplina porque nos ama.
2. La disciplina evidencia que somos hijos de Dios.
3. La falta de disciplina puede significar que no somos salvos (v. 8).
4. Los padres terrenales disciplinan a sus hijos.
   a. Ellos no reprenden ni corrigen a los hijos de otros.
   b. La disciplina es un privilegio reservado para los hijos de Dios.
5. Otros beneficios de ser un hijo de Dios.
   a. Somos parte de la familia de Dios.
   b. Somos herederos de Dios; coherederos junto con Cristo (Ro. 8:17).
   c. Somos ciudadanos del cielo (Fil. 3:20).
   d. Tenemos vida eterna (Jn. 5:24).
6. Dios nos entrena para un servicio fructífero.
C. *Reacciones a la disciplina de Dios y sus resultados (vv. 9-13)*
1. Reacciones:

a. Puede que no nos guste.
b. Puede que sea temporalmente doloroso.
c. Debemos recordar que la disciplina es para nuestro bien.
2. Resultados:
a. Somos participantes de la santidad de Dios.
b. Experimentamos el fruto apacible de justicia.
3. Estos beneficios les vienen a los que aprenden de la disciplina.

III. Conclusión

A. *¿Ha experimentado alguna vez la disciplina de Dios?*
1. ¿Ha aprendido de ello?
2. ¿Se ha beneficiado?
3. ¿Puede dar gracias a Dios por ello?
B. *¿Está siendo disciplinado ahora?*
1. No permita que su disciplina sea en vano.
2. Vuelva a servir al Señor de nuevo (v. 13).

POR QUÉ LOS CRISTIANOS TIENEN PRUEBAS

Comienza la serie acerca de la fe probada por fuego   *1 Pedro 1:6-9*

I. Introducción
A. *Pedro alaba al Señor*
1. Por su esperanza viva (v. 3).
2. Por su herencia incorruptible (v. 4).
3. Su anhelo por las recompensas eternas (v. 6).

B. *Ahora una nota más seria*
1. Pedro advierte que pueden venir tiempos muy difíciles.
2. Quiere que sus lectores estén preparados para enfrentarlos.

C. *Qué podemos aprender de la advertencia de Pedro*

II. Cuerpo
A. *Los cristianos pueden sufrir pruebas*
1. "Afligidos en diversas pruebas".
   a. Alegrarse es normal para nosotros.
   b. Los tiempos de prueba pueden causar desalientos.
   c. Debemos recordar que estas situaciones son temporales.
2. Algunos cristianos pensaban que ya habían terminado con las pruebas.
   a. Pensaban que la fe en Cristo los libraba de las pruebas.
   b. Pensaban que el tren del evangelio era el tren de la abundancia.
3. Entonces les llegó la realidad de la vida.
   a. En este mundo tenemos aflicción (Jn. 16:33).
   b. Los cristianos no son inmunes a las enfermedades.
   c. Los cristianos pueden tener problemas financieros.
   d. Los padres cristianos pueden tener problemas con sus hijos.
   e. Los trabajadores cristianos pueden tener jefes difíciles de complacer.
4. Estas pruebas no han pillado a Dios por sorpresa.
5. Él permanece igual en todas las situaciones (He. 13:8).

C. *Los cristianos puede tener pruebas relacionadas con su fe (v. 7)*
1. "A prueba vuestra fe".
2. Pedro lo sabía muy bien.
   a. Cristo le había revelado su cercana muerte en la cruz.
   b. Jesús le había advertido de que esperara el rechazo del mundo.
   c. Pedro había experimentado la persecución por causa de su fe.

181

3. Pablo conoció también estas pruebas: fue encarcelado, apedreado, etc.
4. Esteban murió como un mártir.
5. Santiago también experimentó estas pruebas, y terminó muriendo por su fe.
6. Los cristianos han sufrido estas pruebas a lo largo de los siglos.
7. Los que sufren por su fe forman una gran compañía de testigos fieles.

C. *Los cristianos pueden triunfar en las pruebas por medio de Cristo (v. 8)*
1. Nuestra fe en Cristo es perfeccionada mediante las pruebas.
   a. Es como el oro que es purificado por el fuego.
   b. La segunda venida de Cristo revelará si nuestra fe es verdadera.
2. Nuestras victorias por medio de la fe glorifican a Cristo.
3. Nuestras pruebas son todas temporales.
4. Nuestras recompensas por la fidelidad son eternas.
5. Aunque no le veamos, nuestro Salvador nos acompaña en las pruebas.
   a. No nos desamparará ni nos dejará (He. 13:5).
   b. Su gracia es suficiente para cada prueba (2 Co. 12:9).

III. Conclusión
A. *¿Está usted experimentando pruebas?*
B. *Dios le acompañará en ellas y enriquecerá su fe*
C. *Gracias, Señor, por las pruebas que nos llevan más cerca de ti*

FE PARA LAS CRISIS FAMILIARES

Mateo 15:21-28

I. Introducción
A. *La gran importancia de la fe*
1. La fe en Cristo salva el alma.
2. La fe trae respuestas a la oración.
3. La fe es el antídoto contra la ansiedad.
4. La fe agrada a Dios.
B. *La prueba más grande de la fe*
1. Cuando es afligido un ser amado.
2. Cuando las crisis familiares nos hacen hincarnos de rodillas.
C. *Lecciones de una mujer de gran fe*

II. Cuerpo
A. *El dilema de una madre (v. 22)*
1. "Mi hija es gravemente atormentada por un demonio".
   a. Marcos dice que era un espíritu inmundo.
   b. La hija estaba controlada por pensamientos inmundos.
   c. Probablemente sufría momentos de furia blasfema.
2. La oración de esta mujer gentil.
   a. "¡Señor, Hijo de David, ten misericordia de mí!"
   b. Ella aceptó la deidad de Cristo.
   c. Creyó que Él podía sanar a su hija.
B. *La demora en la respuesta del Señor (v. 23)*
1. Su fe es puesta a prueba.
   a. Clamó por ayuda y el Señor guardó silencio.
   b. Él era su única esperanza y no respondía.
2. ¿Le ha parecido que Dios callaba cuando oraba recientemente?
3. Esta mujer desesperada siguió clamando por ayuda.
C. *El disgusto de los discípulos (v. 23)*
1. "Despídela".
2. Podemos sentirnos molestos con los que tienen más fe que nosotros.
3. Podemos estar enojados con los que son más persistentes en la oración.
4. ¿Por qué querían los discípulos que el Maestro la despidiera?
   a. Querían seguir escuchando.
   b. No querían tener nada que ver.
D. *Las dimensiones de la fe de la mujer*
1. Era una gentil, una mujer de Canaán.

183

      a. Ella reconoció a Jesús como el Mesías.

      b. Le llamó Señor.

2. Creyó que Cristo era más poderoso que el diablo.

3. Fue capaz de ver más allá del aparente rechazo.

      a. Él dijo que había sido enviado solo a Israel.

      b. Ella respondió: "¡Señor, socórreme!"

4. Ella entendió a Jesús mejor que sus discípulos.

      a. Ella se puso en el lugar humilde.

      b. "Los perrillos comen de las migajas que caen de la mesa de sus amos".

      c. Su fe en Cristo demandó seguir orando.

III. Conclusión

    A. El Señor respondió la oración de esta mujer angustiada

      1. Vio su gran fe y la elogió.

      2. Su hija quedó liberada del poder del demonio.

      3. El milagro tuvo lugar inmediatamente.

    B. La fe probada por el fuego es más fuerte en la siguiente crisis

    C. Confíe en que Dios va a responder su oración ferviente y persistente

ACCIÓN DE GRACIAS DESDE DENTRO DE UN PEZ

Serie acerca de la fe probada por fuego   *Jonás 2*

I. Introducción

A. *Grandes momentos de acción de gracias*
1. El canto de gratitud de Israel después de la liberación de Egipto (Éx. 15).
2. Acción de gracias en la dedicación del templo (2 Cr. 5).

B. *La más insólita acción de gracias de la historia*
1. Jonás lo hizo desde dentro de un gran pez.
2. Dio gracias y alabó a Dios.
3. Tenía muchas razones para hacerlo.

II. Cuerpo

A. *Este hombre agradecido estaba en un lugar peligroso*
1. Cómo fue que Jonás se metió en problemas.
   a. Su llamamiento para ir a Nínive (cap. 1).
   b. Quiso huir de Dios embarcándose en una nave que iba a Tarsis.
   c. La gran tormenta y el gran pez.
   d. Jonás pensó que todo había terminado.
2. La gratitud sigue a la liberación del peligro.
   a. Esto es cierto de la acción de gracias de los peregrinos de Plymouth.
   b. El invierno frío y las enfermedades habían arrebatado muchas vidas.
   c. Se sintieron alentados al recibir una buena cosecha.
   d. Era una ocasión oportuna de dar gracias.
3. Vivimos situaciones peligrosas a diario.
   a. Estamos solo a un segundo de la muerte.
   b. Vivimos por la gracia de Dios.
   c. Tenemos más de lo que merecemos.
4. Debemos ser agradecidos.

B. *Este hombre agradecido había hecho una oración desesperada*
1. "Invoqué en mi angustia a Jehová y él me oyó" (v. 2).
2. Jonás clamó a Dios porque sabía que estaba en dificultades.
3. Todos encaramos dificultades a menudo.
   a. Todos estamos perdidos en nuestros pecados (Ro. 3:23).
   b. No merecemos otra cosa que la muerte (Ro. 6:23).
   c. Dios en su amor nos busca en donde y como estamos (Jn. 3:16).
   d. Cristo murió para pagar por nuestros pecados (Ro. 5:8).
   e. La salvación está a nuestra disposición mediante la fe (Ro. 10:9, 10).

4. Todos debemos ser agradecidos (Sal. 103).
5. Algunos hemos vivido desesperados por causa de otros problemas.
6. Hemos orado y Dios nos ha liberado.
   a. Nuestra gratitud debe reflejar nuestra liberación.
   b. Dios ha sido bueno con nosotros y deberíamos dar gracias.

C. *Este hombre agradecido casi se había rendido*
   1. "Cuando mi alma desfallecía en mí".
   2. Cuando estaba desalentado clamó al Señor.
      a. Le hizo votos al Señor.
      b. Empezó a darle gracias a Dios.
   3. Dios le escuchó y le rescató.
   4. Dios ha escuchado nuestras oraciones y nos ha rescatado muchas veces.

III. Conclusión

A. *Estamos vivos hoy y debemos ser agradecidos*
B. *Dios nos ha guardado hasta el día de hoy*
C. *Démosle gracias de todo corazón*

FE CUANDO TODOS LOS RECURSOS DESAPARECEN

SERIE ACERCA DE LA FE PROBADA POR FUEGO *Job 1:21*

I. Introducción
A. *La familia feliz de Job*
  1. Era un hombre piadoso y próspero.
  2. Tenía una gran familia: siete hijos y tres hijas.
  3. Job estaba sano y era rico.

B. *El día que sus recursos desaparecieron*
  1. Un día los enemigos le robaron sus bueyes y mataron a los criados.
  2. Las ovejas y los pastores quedaron calcinados por rayos.
  3. Los caldeos robaron sus camellos y mataron a los que los cuidaban.
  4. Sus hijos e hijas murieron a causa de una tormenta.

C. *El dolor de Job y su fe inquebrantable*
  1. Rasgó su manto, rasuró su cabeza, y adoró (v. 20).
  2. Declaró que su fe permanecía inquebrantable: "Jehová dio, y Jehová quitó; sea el nombre de Jehová bendito".
  3. ¿Cómo pudo Job hacer esto?

II. Cuerpo
A. *Job vio al Señor como la fuente de la vida*
  1. "Jehová dio".
  2. Los padres son solo socios de Dios en el don de dar vida.
  3. Toda vida viene del Señor.
  4. Job sabía que el tiempo que disfrutó de sus hijos fue por gracia.
    a. Todos los años buenos.
    b. Todos los días de gozo.
    c. Todos los buenos tiempos que disfrutaron juntos.
  5. "Toda buena dádiva y todo don perfecto desciende de lo alto" (Stg. 1:17).
  6. Dios es el gran dador: Su más grande don fue su propio Hijo.

B. *Job vio a Dios como soberano sobre los años de vida*
  1. "Y Jehová quitó".
  2. Dos cosas sorprendentes acerca de la vida.
    a. Su largura cuando la muerte parece cerca.
    b. Su brevedad cuando el futuro parece seguro.
  3. Nuestra vida está en sus manos (Dn. 5:23).
  4. Job entendió que la vida es corta incluso cuando es larga.
    a. La niñez parece que fue ayer para todos nosotros.
    b. Es importante estar a bien con Dios en todo momento.
  5. Job no entendía lo que pasaba pero su fe le hizo fuerte.

C. *Job vio al Señor de igual manera sin importar lo que aconteciera en la vida*
   1. "Sea el nombre de Jehová bendito".
   2. Es fácil bendecir a Dios cuando todo marcha bien.
   3. Job pudo bendecir a Dios cuando todos sus recursos desaparecieron.
   4. Job no pudo entender, de manera que habló por fe.
      a. Dios había sido fiel en el pasado.
      b. ¿Por qué iba a dudar de la bondad de Dios ahora?

III. Conclusión
   A. *El amor de Dios es inalterable*
      1. ¿Han ido las cosas mal para usted?
      2. Dios le ama a pesar de sus circunstancias.
   B. *La cruz demuestra el amor inmutable de Dios*
      1. Si usted duda del amor de Dios mire a la cruz.
      2. Cristo murió en la cruz por nosotros debido a su amor.
   C. *Dios le ama tal como es y está y quiere salvarle*
   D. *Lleve a Cristo sus pecados y sus sueños rotos*

FE CUANDO LOS RECURSOS SON ESCASOS

Lucas 21:1-4

I. Introducción
A. *Conozcamos a una viuda pobre de Jerusalén*
1. Hay muchas cosas que no sabemos acerca de ella.
   a. Su nombre, apariencia, número de hijos.
   b. La razón de la muerte de su esposo.
2. Lo que sabemos es que era una mujer de fe y muy pobre.

B. *Jesús elogió a esta viuda por su fe*
1. Su elogio ha hecho que esta mujer sea recordada.
2. El favor de Cristo permanece.
3. El favor de este mundo pasa pronto.

C. *Aprendamos acerca de la fe de una viuda pobre*

II. Cuerpo
A. *La fe de la viuda la llevó al lugar de adoración (v. 1)*
1. El arca de las ofrendas estaba en el templo en Jerusalén.
2. Puede que algunos encontraran excusas para no acercarse:
   a. Que la ropa no era la apropiada.
   b. Demasiada gente rica estaría allí.
   c. Se avergonzaba de ir cuando no puede dar grandes ofrendas.
   d. Había trabajado mucho durante la semana y estaba muy cansada.
   e. Los ricos no habían contribuido para sus necesidades.
3. La mujer era pobre, pero rica en fe.
4. Su escasez de recursos no la privó de ir al templo.

B. *La fe de la viuda la movió a dar (v. 2)*
1. Muchos habrían pensado que no podían permitirse el lujo de dar.
   a. Necesitaban cada centavo para vivir.
   b. Dejemos a los ricos que den.
2. Ella consideraba el dar como un acto de adoración.
3. La ofrenda cristiana tiene un significado espiritual.
4. Ella no podía dar mucho, pero no podía evitar el dar.
   a. Dio dos blancas (pequeñas monedas de cobre).
   b. Su ofrenda debió parecer insignificante a los demás.
   c. Era una donación importante para la viuda.
   d. Ella quería hacer algo para el Señor.

C. *La fe de la viuda la llevó a dar todo lo que tenía (v. 4)*
1. Jesús vio esto como la ofrenda más grande del día.
   a. Dijo que ella había dado más que todos los demás.

      b. Dios mide nuestras ofrendas por nuestra capacidad para dar.

2. Los otros dieron parte de su riqueza.
3. La viuda dio todo lo que tenía.

      a. Podemos imaginarnos su lucha interna acerca de esta ofrenda.

      b. No le quedaba nada.

      c. La fe la llevó a dar lo que tenía a pesar de todo.

4. La fe en el dar se revela por lo que nos quedamos.

III. Conclusión

A. *Un epitafio en una tumba decía:*
    Lo que gasté, lo tenía
    Lo que ahorré, lo perdí
    Lo que di, lo tengo

B. *Dios es el más grande dador*

    1. Dio a su Hijo.
    2. Da vida eterna a los que reciben a Cristo.

C. *Reciba por la fe el don del amor de Dios*

D. *La fe lleva a dar a Dios incluso cuando los fondos son escasos*

FE CUANDO OTROS ESTÁN EN CONTRA NUESTRA

I. Introducción

A. *De joven cautivo a Primer Ministro*

1. Daniel y sus amigos eran cautivos de Nabucodonosor en Babilonia.

    a. Determinaron no contaminarse con la comida y el vino del rey (1:8).

    b. Daniel interpretó los sueños de Nabucodonosor (caps. 2 y 4).

2. Daniel predijo la muerte de Belsasar (cap. 5).

3. Darío de Media le nombró a Daniel Primer Ministro (cap. 6).

4. Los reyes y los reinos caen; pero los siervos de Dios continúan.

B. *Darío vio que Daniel era diferente (v. 3)*

1. El rey se dio cuenta de que el espíritu de Daniel era superior.

2. Le nombró su hombre de mayor confianza.

C. *La maquinación se pone en marcha*

II. Cuerpo

A. *Las personas de fe no son siempre populares (v. 4)*

1. Los demás gobernadores y sátrapas despreciaban a Daniel.

2. Servir a Dios ha sido siempre costoso.

    a. Los profetas fueron a menudo ignorados, encarcelados o apedreados.

    b. Juan el Bautista fue encarcelado y decapitado.

    c. Pablo fue encarcelado y martirizado.

    d. Todos los apóstoles murieron mártires excepto Juan que fue desterrado.

3. Jesús advirtió a sus discípulos acerca del rechazo del mundo (Jn. 15).

4. Los cristianos han sufrido por su fe en todos los tiempos.

5. ¿Se mantendrá firme su fe bajo la persecución?

B. *La intriga de los gobernadores y sátrapas (vv. 4-9)*

1. Los enemigos de Daniel buscaron sus fallos.

    a. No pudieron encontrar ninguna falta en él.

    b. Cuando honra eso a un hombre fiel.

    c. Nos recuerda la conclusión de Pilato acerca de Cristo: "Yo no hallo en él ningún delito".

2. La única oportunidad para los enemigos de Daniel.

    a. Él era un hombre de fe.

191

b. Era un hombre de oración.

c. Buscaron la manera de acusarlo por causa de su hábito de orar.

3. El decreto infame que envió a Daniel al foso de los leones.

a. Se harían solo peticiones al rey durante treinta días.

b. Ellos sabían que Daniel continuaría orando a Dios.

c. Su malvada maquinación llevaría a Daniel a la sentencia de muerte.

C. *La fe siempre encuentra ayuda en la oración (vv. 10-28)*

1. La respuesta de Daniel al decreto del rey.

a. Siguió orando como siempre.

b. Oró con su ventana abierta, no en secreto.

2. Darío envió a Daniel al foso de los leones.

a. El rey tenía confianza en las oraciones de Daniel.

b. Creía que Dios podía librarlo (v. 16).

3. Dios protegió a Daniel de los leones hambrientos.

a. Parece como que dejaron de tener hambre por una noche.

b. El rey se pasó la noche ayunando como lo hicieron los leones.

III. Conclusión

A. *El triunfo sigue a las pruebas*

1. El visitante angelical de Daniel en el foso de los leones (v. 22).

2. Los bocas de los leones fueron cerradas.

B. *El rey invita a su pueblo a que respeten y adoren al Dios de Daniel (vv. 26. 27)*

C. *La fe que bajo el fuego demuestra ser verdadera lleva a otros a Cristo*

EL NACIMIENTO VIRGINAL DE CRISTO

S<small>ERIE ACERCA DEL NACIMIENTO DE</small> C<small>RISTO</small> *Isaías 7:14*

I. Introducción

A. *El nacimiento de Cristo*
   1. Es el tema central de la Biblia.
   2. El Antiguo Testamento lo profetiza.
   3. El Nuevo Testamento lo proclama.
B. *El nacimiento virginal de Cristo*
   1. ¿Cómo puede ser verdad?
   2. ¿Deben los cristianos aceptarlo?
C. *¿Qué debemos pensar acerca del nacimiento virginal de Cristo?*

II. Cuerpo

A. *El nacimiento virginal es indispensable si aceptamos la Biblia*
   1. La Biblia nos habla del nacimiento virginal (Is. 7:14).
   2. El Mesías prometido nacería de la simiente de la mujer (Gn. 3:15).
   3. Gabriel le anunció a María el nacimiento virginal (Lc. 1:26-38).
   4. El ángel del Señor se lo dijo a José (Mt. 1:18-24).
   5. Mateo nos asegura que Jesús nació de una virgen (Mt. 1:25).
   6. Pablo declara que Cristo nació de mujer (Gá. 4:4).
   7. Cristo es el Hijo unigénito de Dios (Jn. 3:16; 3:18).
B. *El nacimiento virginal es un milagro que usted acepta por fe (Lc. 1:37)*
   1. La Biblia lo dice; nosotros lo creemos; eso termina con el debate.
   2. María tuvo que aceptar este milagro por fe.
      a. Ella tuvo sus dificultades en comprenderlo.
      b. "¿Cómo será esto? pues no conozco varón" (Lc. 1:34).
      c. "Porque nada hay imposible para Dios" (Lc. 1:37).
   3. Dios formó al primer hombre del polvo de la tierra.
   4. ¿Por qué entonces tiene que ser el nacimiento virginal difícil de aceptar?
   5. Otros milagros que aceptamos:
      a. La separación de las aguas del Mar Rojo.
      b. El maná provisto para los israelitas.
      c. El agua manando de una roca para miles de sedientos.
   6. El milagro del nacimiento virginal está dentro del poder de Dios.

C. *El nacimiento virginal es un misterio inaceptable hasta que aceptamos a Cristo como Salvador (1 Co. 2:14)*
  1. ¿Encuentra usted imposible aceptar este milagro?
  2. Pruebe aceptando lo siguiente:
    a. Cristo alimentando a los cinco mil con unos pocos panes y peces.
    b. Cristo caminando sobre el mar de Galilea.
    c. Cristo calmando el mar durante una tormenta.
    d. Cristo resucitando a personas que habían muerto.
    e. Cristo mismo resucitando de entre los muertos.
  3. Los milagros de Cristo son inaceptables hasta que le aceptamos a Él.
  4. Pablo explica su problema (1 Co. 2:14).
    a. Usted está tratando de comprender cosas del Espíritu.
    b. Esto es imposible hasta que no tiene al Espíritu Santo.
    c. Reciba a Cristo como Salvador y sus ojos serán abiertos.
    d. Encontrará que ya no le será difícil aceptar el nacimiento virginal.

III. Conclusión
  A. *El Dios de los milagros le ama a usted*
  B. *Responda a su amor y acuda a Él como pecador*
  C. *Reciba a Cristo como Salvador por la fe (Hch. 16:31)*
  D. *El milagro del nuevo nacimiento tendrá lugar en usted*

EL MAGNIFICAT

SERIE ACERCA DEL NACIMIENTO DE CRISTO *Lucas 1:46-56*

I. Introducción

A. *María recibe la visita de un ángel*
1. Gabriel: portador de buenas nuevas.
2. La más grande noticia jamás dada: El Salvador iba a nacer.

B. *La respuesta de María a Gabriel*
1. Ella se turbó (v. 29).
2. Gabriel le dijo que no temiera (v. 30).
3. Ella estaba confundida: "¿Cómo será esto?"

C. *El ángel le dice que será un milagro*
1. "El poder del Altísimo te cubrirá con su sombra" (v. 35).
2. "Porque nada hay imposible para Dios" (v. 37).

D. *María comienza a regocijarse (vv. 46-55)*

II. Cuerpo

A. *María se regocija en su Salvador personal (vv. 46-48)*
1. "Mi espíritu se regocija en Dios mi Salvador".
2. La gran herencia de María y sus experiencias espirituales.
   a. Era de la línea de David.
   b. La pureza de su vida.
   c. Su encuentro con Gabriel.
   d. La salutación de Elisabet.
3. Con todo, ella reconoce su necesidad de un Salvador.
   a. El nacimiento de un Salvador para todos es la más grande causa de regocijo.
   b. ¿Se quiere unir usted a María como uno que necesita al Salvador?
   c. ¿Le aceptará hoy por fe como su Salvador?

B. *María se regocija en la personalidad de su Salvador (vv. 48-53)*
1. ¿Ha alabado hoy a Dios por lo que Él es?
2. Piense en las razones de María para alabarle:
   a. Le alaba por su amor (v. 48).
   b. Le alaba por su favor (v. 48).
   c. Le alaba por su poder (v. 49).
   d. Le alaba por su misericordia (v. 50).
   e. Le alaba por su gracia (v. 52).
   f. Le alaba por su bondad (v. 53).
3. ¿Cuáles son sus razones para regocijarse en el Señor?

C. *María se regocija en las promesas de Dios (vv. 54, 55)*
1. Dios había ayudado a Israel.
2. Dios había sido misericordioso con Israel.
3. Dios había cumplido sus promesas a Abraham.

4. La venida del Salvador era una de estas promesas.
5. Promesas acerca del Salvador que María vería cumplidas.
   a. Nacería de una virgen.
   b. Nacería en Belén.
   c. Moriría por los pecadores.
   d. Resucitaría de entre los muertos.
6. Dios cumple sus promesas.
7. Él cumplirá sus promesas para con usted y conmigo.

III. Conclusión

A. *¿Se regocija usted en el salvador?*
B. *Piense en lo que Él ha hecho por usted*
C. *¡Es tiempo de regocijarse!*

CUANDO LA AURORA DEL CIELO VISITÓ LA TIERRA

SERIE ACERCA DEL NACIMIENTO DE CRISTO *Lucas 1:78, 79*

I. Introducción

A. *Las dos importantes misiones de Gabriel*
   1. A Zacarías: Anunciarle el nacimiento de Juan el Bautista.
   2. A María: Anunciarla el nacimiento de Jesús.
B. *María y Elisabet juntas durante tres meses de sus respectivos embarazos.*
C. *Nacimiento de Juan y profecías de Zacarías*
   1. Juan el Bautista prepararía el camino de Jesucristo.
   2. Jesús es llamado "el sol naciente" (v. 78, NVI).
   3. ¿Qué significa esto para nosotros?

II. Cuerpo

A. *Cristo es luz para los que moran en la oscuridad (v. 79)*
   1. "Para dar luz a los que habitan en tinieblas".
   2. Aurora o sol naciente son nombres poéticos para el amanecer.
   3. Cristo vino y disipó las tinieblas de este mundo.
   4. Dios siempre ilumina la oscuridad.
      a. En la creación: "Sea la luz" (Gn. 1:3).
      b. En la salvación: "Yo soy la luz del mundo" (Jn. 8:12).
      c. Al caminar con Dios: "Si andamos en luz, como él está en luz" (1 Jn. 1:7).
   5. Jesús vino a traer luz a nuestra vida.
B. *Cristo es luz para los que están en sombra de muerte (v. 79)*
   1. "Para dar luz a los que habitan... en sombra de muerte".
   2. Todos los humanos vivimos en la sombra de muerte (He. 9:27).
      a. Estamos a un paso de la eternidad.
      b. Un ateo dijo: "Ahora un salto espantoso en la oscuridad".
   3. La muerte y resurrección de Cristo cambió esto.
      a. La tumba abierta y vacía eliminó la oscuridad de la muerte.
      b. El sol luciendo sobre aquella tumba ilumina la muerte para todos nosotros.
   4. Jesús venció a la muerte en todos sus encuentros.
      a. La hija de Jairo.
      b. El hijo de la viuda de Naín.
      c. Su amigo Lázaro.
   5. Venció a la muerte para usted y para mí.
C. *Cristo da luz a todos los que necesitan dirección (v. 79)*
   1. "Para encaminar nuestros pies por camino de paz".

2. Para caminar por este mundo en tinieblas necesitamos un guía.
   a. Jesús es ese guía.
   b. Ilumina el camino para nosotros.
   c. Guía nuestro camino en la senda de la paz.
3. "Paz": que palabra tan buena.
   a. ¿Es la paz algo más que una palabra para usted?
   b. ¿Ha encontrado usted la paz?
4. Jesucristo quiere darle a usted paz duradera.

III. Conclusión

A. *¿Qué significa el nacimiento de Cristo para usted?*
   1. ¿Es Jesús solo una justificación para las fiestas de la estación?
   2. ¿Es Navidad tan solo una festividad religiosa?
B. *Cristo quiere darle a usted luz y vida*
   1. Luz para su oscuridad.
   2. Luz para cuando la sombra de la muerte se cruce en su camino.
   3. Luz para guiarle desde la tierra al cielo.

LA NOCHE DE LOS MILAGROS

SERIE ACERCA DEL NACIMIENTO DE CRISTO   *Lucas 2:1-10*

I. Introducción

A. *Toda la historia se había estado dirigiendo hacia aquella noche*
1. Todas los caminos de las Escrituras serpentean hacia Belén.
2. María y José habían llegado allí desde Nazaret.
   a. Pero los siglos habían estado esperando que llegaran.
   b. Miqueas había dicho que ellos estarían allí (Mi. 5:2).
B. *Esta noche de milagros había estado en el calendario del cielo desde hacía mucho*
1. Los ángeles esperaban la llegada de esta cita que tenían.
2. Las palabras de los profetas esperaban su cumplimiento.
3. El bebé en el vientre de María pronto iluminaría la noche.
C. *¿Cuáles fueron los milagros de Navidad?*

II. Cuerpo

A. *El milagro de un nacimiento humilde (vv. 1-7)*
1. Cristo descendió del cielo a un establo.
   a. Entró en el mundo desde el vientre de una virgen.
   b. Es el mundo de este bebé.
   c. Fue hecho por Él y para Él (Jn. 1:10).
   d. Vino a redimirlo.
   e. Su mundo le rechazaría.
2. Pensemos en los contrastes de su condescendencia.
   a. De la fragancia del cielo a los olores de una establo.
   b. De la adoración de los ángeles al rechazo del mesonero.
   c. De los cantos de los santos a los sonidos de los animales.
   d. De su manto de realeza a ser envuelto en pañales.
   e. De su mansión en el cielo a una posada en la tierra.
3. Vino para salvarle a usted y a mí.
B. *El milagro de las huestes celestiales (vv. 8-14)*
1. Los ángeles habían estado muy ocupados desde que había llegado la plenitud de los tiempos.
   a. Gabriel había visitado a Zacarías y María.
   b. El ángel del Señor había aconsejado a José en un sueño.
2. Los ángeles ahora llevarían sus buenas noticias a las colinas de Judá.
   a. Donde se hallaba la tumba de Raquel.
   b. Donde Samuel había ungido a David por rey.
   c. Donde Rut había espigado en los campos de Booz.
3. Los pastores tenían que recibir el anuncio del nacimiento del Salvador.

4. Los coros celestiales tenían que cantar paz en la tierra.

5. Esta es una noche de milagros: una noche para recordar.

C. *El milagro de la obra de Dios en los corazones de los hombres (vv. 15-20)*

   1. El Imperio Romano y su censo para los impuestos.

      a. José y María tenían que ir a Belén.

      b. Dios mueve fácilmente los imperios para hacer cumplir su voluntad.

      c. La profecía tiene que cumplirse (Mi. 5:2).

   2. Los pastores se convertirían en evangelistas.

   3. Los magos harían un largo viaje siguiendo una estrella.

   4. Los actores en este drama de los siglos están en su lugar.

   5. Cristo ha nacido: el más grande de todos los milagros.

III. Conclusión

A. *Los milagros continuarán*

   1. A semejanza de los pastores, muchos acudirán a Jesucristo.

   2. Al igual que los magos, muchos irán a adorarle.

B. *¿Se ha convertido usted en uno de los milagros de Navidad?*

C. *Su milagro está esperando*

D. *Venga a Cristo por la fe y experimente el milagro de la salvación*

HERODES: EL ENEMIGO DE CRISTO

I. Introducción

A. *Una personalidad de Navidad que olvidamos*
   1. Es uno que más bien omitiríamos.
   2. ¿Cuán a menudo ha oído el nombre de Herodes en Navidad?

B. *El enfoque del cielo es diferente*
   1. Los animales atraen más la atención que el rey.
   2. El establo es más conocido que el palacio.
   3. Los actores de Navidad se visten de pastores no de Herodes.

C. *El rey no tiene ningún papel que representar en este drama*
   1. Trató de engañar a los magos.
   2. Quería destruir a Cristo.

D. *Veamos cómo Herodes se convirtió en el villano de la Navidad*

II. Cuerpo

A. *Herodes y su corazón turbado (v. 3)*
   1. Los magos llegaron al palacio de Herodes.
      a. Allí explicaron la razón de su viaje.
      b. Solicitaron ayuda para encontrar al Rey de los judíos.
   2. Herodes se turbó.
      a. Temía perder el control.
      b. Temía que Cristo pudiera convertirse en rey.
      c. ¿Tiene usted temor de perder el control de su vida?
      d. ¿Tiene temor de permitir que Cristo sea el rey?
   3. Herodes en contraste con los magos.
      a. Los magos adoraron y Herodes se angustió.
      b. Los magos dieron y Herodes gimió.
      c. Los magos alabaron y Herodes tramó.

B. *Herodes causa inquietud a otros (vv. 3-18)*
   1. "Toda Jerusalén con él".
   2. Cuando rechazamos a Cristo eso afecta a otros.
      a. Nadie vive o muere para sí (Ro. 14:7).
      b. Que les damos a otros, ¿preocupaciones o bendiciones?
   3. Herodes está molesto y se lo contagia a la ciudad.
   4. La reacciones terribles de un hombre turbado.
      a. Mandó matar a los niños de Belén.
      b. Donde los ángeles cantaban, las madres lloraban.
      c. El lugar de gloria se convirtió en lugar de dolor y llanto.

5. Lleve su corazón preocupado o angustiado a Cristo.
6. Él le dará la paz que necesita.

C. *Herodes quedó en dificultades para siempre (v. 19)*
1. "Pero después de muerto Herodes".
2. Él murió en sus pecados.
   a. Fue de sufrimiento en sufrimiento.
   b. Herodes en el infierno está todavía en dificultades.
3. Lo que Herodes se perdió.
   a. Cristo vino a salvar, pero Herodes murió perdido.
   b. Cristo vino a limpiar, pero Herodes murió con sus pecados y culpa.
   c. Cristo vino a dar paz, pero Herodes nunca la gozó.

III. Conclusión

A. *¿Es usted como Herodes o como los magos?*
B. *Los que rechazan a Cristo nunca encuentran paz*
C. *Los hombres sabios todavía buscan y adoran a Jesús*

JESUCRISTO ES EL NIVELADOR

Lucas 3:4-6

I. Introducción

A. *El nacimiento milagroso de Juan el Bautista*

1. Zacarías y Elisabet habían esperado un bebé por mucho tiempo.
2. Gabriel les dice que sus oraciones habían sido contestadas.
3. Juan nació para preparar el camino a Cristo (Is. 40).

B. *Habían pasado treinta años*

C. *Había llegado el momento para que Juan comenzara su ministerio*

1. Observemos uno de los sermones de Juan.
2. ¿Qué podemos aprender de él?

II. Cuerpo

A. *Todo valle se rellenará... alzado (v. 5)*

1. ¿Qué significa esto?
   a. Es demasiado gráfico para ser geográfico.
   b. Dios no es el conductor de una excavadora.
   c. Esto tiene que ver con la vida.
2. Juan comienza hablando de los valles.
   a. Conozcamos a los humildes primero.
   b. Hagámosles saber que Dios los elevará.
3. Ejemplos de la Biblia.
   a. La mujer en el pozo estaba en el valle.
   b. El ciego Bartimeo estaba en el valle.
   c. María Magdalena estaba en el valle.
   d. Nuestro Señor los salvó y los alzó.
4. Su necesidad le hace idóneo para la gracia de Dios.

B. *Se bajará todo monte y collado (v. 5)*

1. El orgulloso debe ser humillado para que pueda ser ayudado.
2. Piense en el fariseo y el publicano.
3. Esto habla de la necesidad del joven rico.
4. El problema del orgullo es tan antiguo como Satanás (Is. 14:12-15).
5. ¿De qué manera el orgullo nos impide ser salvos?
   a. Usted no se ve como un pecador.
   b. Cree que es suficientemente bueno como para ir al cielo.
   c. No respondería nunca a la invitación del evangelio.
   d. Su orgullo le priva de ser bendecido.

   6. Deje que cada monte y collado en su vida sea bajado.
   7. Despójese del orgullo y vaya con humildad a Cristo.
C. *Los caminos torcidos serán enderezados (v. 5)*
   1. Cuán tortuosa es la mente del hombre pecador.
      a. Miente, engaña y roba.
      b. Es deshonesto en los negocios.
   2. Dios ha enderezado a muchos retorcidos.
   3. Los que confían en Dios son hechas nuevas criaturas
      (2 Co. 5:17).
D. *Y los caminos ásperos allanados (v. 5)*
   1. Cristo ha hecho que muchas personas ásperas se suavicen.
   2. El Pedro que juraba y maldecía se convirtió en el portavoz
      de la iglesia.
   3. Las lenguas que blasfemaban se han convertido en
      lenguas que bendicen.
   4. Cristo se ha especializado en hacer lo áspero suave.

III. Conclusión
   A. *Cristo quiere encontrarse con usted donde usted está*
   B. *Él le cambiará de lo que es hoy a lo que debería ser*
   C. *Venga a Él en fe y vea cómo todas las cosas son hechas*
      nuevas

JESÚS QUIERE SER SU AMIGO

Juan 15:13-15

I. Introducción
    A. *Un sermón para el domingo del amigo*
        1. Algunos están aquí porque fueron invitados por un amigo.
        2. Los buenos amigos invitan a otros para venir a Cristo y al templo.
    B. *¿Qué es un amigo?*
        1. Una definición; "Una persona a quien conocemos bien y por quien tenemos sentimientos cálidos y afectuosos".
        2. Un amigo es aquel que conoce tus faltas y todavía te ama.
    C. *Por qué Jesús quiere ser su amigo*

II. Cuerpo
    A. *Jesús le ama (v. 13)*
        1. La Biblia dice que Jesucristo le ama (Jn. 3:16).
        2. El canto de los niños sobre el amor de Jesús es verdadero.
           a. "Cristo me ama, bien lo sé".
           b. "La Biblia dice así".
        3. El amor inagotable de Cristo.
           a. Él aún ama cuando otros nos dejan (He. 13:5).
           b. Nos ama a pesar de nuestros pecados (1 Ti. 1:15).
        4. La cruz prueba su amor.
           a. "Nadie tiene mayor amor que este".
           b. Él puso su vida por nosotros (Jn. 10:10).
    B. *Jesucristo le aceptará tal como usted es (v. 13)*
        1. Dios nos amó cuando éramos pecadores (Ro. 5:8).
           a. Nos amó cuando éramos sus enemigos (Ro. 5:10).
           b. Murió por nosotros para hacernos sus amigos (1 Jn. 1:7).
        2. Nada que cambiar antes de ir a Él.
        3. "Tal como soy" es verdad.
        4. ¿Tiene temor de que Dios no vaya a perdonar todos sus pecados?
           a. Jesús no vino para echárselos en cara.
           b. Él vino para borrarlos por completo (Is. 44:22, 23).
    C. *Cristo quiere estar con usted para siempre (v. 13)*
        1. Los amigos quieren estar juntos.
           a. Disfrutan de su compañerismo.
           b. Tienen cosas en común.
        2. Promesas acerca de esta comunión eterna.
           a. "He aquí yo estoy con vosotros todos los días" (Mt. 28:20).

  b. "No te desampararé" (He. 13:5).

  c. "Ni te dejaré" (He. 13:5).

 3. Cristo quiere que usted esté con Él en el cielo (Jn. 14:1-3).

  a. Está preparando moradas para sus amigos.

  b. Prepara lugar para gente preparada.

  c. ¿Está usted preparado?

 4. "Así estaremos siempre con el Señor" (1 Ts. 4:17).

 5. Los cielos nos compensarán de nuestras pruebas aquí (Ap. 7:15-17).

III. Conclusión

 A. *¡Oh qué amigo nos es Cristo!*

 B. *¿Es Cristo su amigo?*

 C. *Reciba en su corazón hoy a este amigo celestial*

  1. Vaya a Él tal cual es y está (Mt. 11:28).

  2. Recíbale por fe (Ro. 5:1).

  3. Él será su amigo para siempre (Jn. 3:16).

¿ESPERAMOS QUE LLUEVA?

1 Reyes 18:1, 41-46

I. Introducción
A. *Conozcamos a Elías: Un gran profeta de Dios*
1. El hombre que no murió (2 R. 2:11).
2. Elías y la transfiguración (Mt. 17:3).
3. Su futuro ministerio en la tribulación (Ap. 11).

B. *Elías profetiza una sequía (17:1)*
1. Le dijo al rey Acab que no iba a llover.
2. Elías había orado por esta sequía (Stg. 5:17, 18).
3. Acab e Israel habían dejado al Señor.

II. Cuerpo
A. *La sequía iba a terminar (v. 1)*
1. La sequía había producido una hambruna.
2. Dios cuidó de su profeta durante la hambruna.
   a. Proveyó para él en el arroyo de Querit (17:2-7).
   b. Una viuda cuidó de él (17:9-16).
   c. La provisión de Dios no queda afectada por una sequía (Fil. 4:19).
3. Las sequías son momentos para decisiones (18:21).
4. Dios no cambia en tiempos de sequía (He. 13:8).
   a. Las dificultades físicas no cambian a Dios.
   b. Tampoco lo cambian las dificultades espirituales.
   c. Él nos ama en tiempos de sequía (Ro. 8:38, 39).

B. *La demostración del poder de Dios (vv. 21-38)*
1. Elías llama al pueblo a una prueba.
   a. Su reto en el Monte Carmelo.
   b. El Dios que responde mediante fuego.
2. Los profetas de Baal claman en vano.
   a. Clamaron a su dios toda la mañana (v. 26).
   b. Oraron con entusiasmo: saltando cerca del altar.
   c. Oraron de manera sacrificial: se cortaban a sí mismos.
   d. Oraron hasta el atardecer, "pero no hubo... quien respondiese" (v. 29).
3. Elías se prepara para orar.
   a. Reparó el altar de Jehová (v. 30).
   b. Hizo una zanja alrededor del altar (v. 32).
   c. Llenó la zanja de agua (vv. 33-35).
   d. El valor de prepararse para orar en fe.
4. La breve oración de Elías (vv. 36, 37).
5. El fuego de Dios cayó sobre el sacrificio (v. 38).
6. Necesitamos que ese fuego vuelva a caer.

C. *El chaparrón de agua (vv. 41-46)*
    1. El sonido de abundancia de lluvia (v. 41).
    2. Elías envía a su siervo para observar el cielo.
       a. No había señales de nubes (v. 43).
       b. "Vuelve siete veces" (v. 43).
       c. Elías esperaba que Dios respondiera a su oración.
    3. Una nube del tamaño de la palma de una mano (44).
       a. Eso era la que Elías necesitaba.
       b. Sabía que la lluvia estaba a punto de llegar.

III. Conclusión
    A. *Esperemos que la sequía espiritual termine*
    B. *Observemos las primeras señales del avivamiento*
    C. *Regocijémonos en lo que Dios hará en nuestra vida*

PREGUNTAS PARA CALMAR EL TEMOR DE TESTIFICAR

Hechos 1:4-11

I. Introducción

A. *Testificar: Lo que más falta en la iglesia hoy*
1. Hacemos muchas cosas bien: actividades, proyectos, etc.
2. Los programas han llegado a ser casi profesionales.
3. Pero pocas iglesias sobresalen en dar testimonio.

B. *El temor frena a muchos para que testifiquen de su fe*
1. Tememos la respuesta de la gente.
2. Tememos la opinión pública.

C. *Tres preguntas para eliminar nuestros temores*

II. Cuerpo

A. *¿Ha llegado el tiempo? (vv. 4-7)*
1. Preguntas en el momento de la ascensión de Jesús.
   a. Cristo había pagado por el pecado en la cruz.
   b. Había resucitado como dijo.
   c. ¿Ahora el reino?
2. "Señor, ¿restaurarás el reino... en este tiempo?"
3. Muchos han deseado conocer el tiempo.
   a. Los amantes de establecer fechas han fracasado en descubrirlo.
   b. El secreto sagrado (Mt. 24:36).
4. Pero nosotros sabemos qué hora es.
   a. Es tiempo de dar testimonio.
   b. Es tiempo de ganar almas.
   c. Cada día nos lleva más cerca del regreso de Cristo.
5. Esta urgencia debería vencer nuestros temores a testificar.

B. *¿Quién nos va a dar el poder? (v. 8)*
1. "Recibiréis poder".
   a. Este poder viene por medio del Espíritu Santo.
   b. El Espíritu vendría en Pentecostés.
2. La promesa fue cumplida.
   a. El Espíritu vino (Hch. 2).
   b. Miles se salvaron.
3. Una gran noticia: El Espíritu está todavía con nosotros.
   a. Mora dentro de cada creyente (1 Co. 6:19).
   b. Su poder no ha disminuido.
   c. Podemos dar testimonio en el poder del Espíritu.
4. El Espíritu Santo prepara los corazones para nuestro testimonio.
5. Nos provee de palabras para hablar de Cristo.
6. ¿Por qué temer cuando el Espíritu está con nosotros?

C. *¿Quién nos ha llamado a dar testimonio? (v. 8)*
   1. "Me seréis testigos".
   2. Cristo mismo nos llama a ser sus testigos.
      a. Aquel que sufrió la cruz por nosotros.
      b. Aquel que se levantó de la tumba.
      c. Aquel que está lleno de amor y compasión.
      d. Aquel que viene de nuevo.
      e. El que recompensará a sus siervos fieles.
   3. Es más aterrador desobedecer que dar testimonio.

III. Conclusión
   A. *Cambie los temores por la fe*
   B. *Comience a dar testimonio ahora*
      1. En vista del regreso del Señor.
      2. En el poder del Espíritu Santo.
      3. En obediencia a nuestro Salvador.

TENGAMOS PAZ CON RELACIÓN A TESTIFICAR

Filipenses 4:6-9

I. Introducción

A. *El temor es uno de nuestros enemigos*
1. El temor: la primera evidencia de la caída (Gn. 3:10).
2. El temor aleja a muchos de la salvación.
    a. Temerosos de que Dios no les ame a ellos.
    b. Temeroso de que sus pecados son demasiados graves para ser perdonados.
    c. Temerosos de la opinión pública.

B. *El temor frena a muchos creyentes de dar testimonio*
1. Tienen temor de hablar a otros de Cristo.
2. Tienen temor de dar tratados a otros.
3. Tienen temor de invitar a otros a ir al templo.

C. *Sustituya el temor por la fe para testificar*

II. Cuerpo

A. *Debemos orar acerca de dar testimonio (v. 6)*
1. "Delante de Dios en toda oración y ruego".
2. Oramos acerca de muchas cosas:.
    a. Problemas físicos, finanzas, necesidades familiares.
    b. La iglesia, el gobierno.
3. ¿Cuándo oró por última vez acerca de dar testimonio?
4. Ore pidiendo a Dios que le dirija a almas necesitadas.
5. Pida que Dios le dé las palabras correctas.
6. Pida que las personas sean salvas.

B. *Debemos tener un plan para dar testimonio (vv. 6, 7)*
1. Estos versículos nos dan un plan para tener paz.
    a. "Por nada estéis afanosos".
    b. "Sean conocidas vuestras peticiones... en toda oración".
    c. Dé gracias a Dios por todas sus bendiciones.
2. Es conveniente tener un plan.
    a. Dios se organiza bien; tiene un plan (piense en la creación).
    b. Necesitamos un plan para dar testimonio.
3. Un buen plan para testificar.
    a. Esté alerta a las necesidades de aquellos con los que se encuentra.
    b. Sea compasivo de aquellos en necesidad.
    c. Use tratados que se enfoquen en necesidades.
    d. Dé su testimonio.

C. *Debemos ser positivos en nuestro testimonio (v. 8)*
1. "En esto pensad".

2. Espere resultados de su testimonio.
3. Crea en que las personas necesitan su testimonio.
4. Confíe en Dios para producir los frutos de su testimonio.
   a. Las personas perdidas que van a Cristo.
   b. Personas en dificultades que encuentran paz.
   c. Los que se han apartado y regresan al Padre.

D. *Debemos proceder con nuestro testimonio (v. 9)*
   1. "Lo que... visteis en mí, esto haced".
   2. Las buenas intenciones no son suficientes.
   3. Cuanto más damos testimonio menos tememos hacerlo.
   4. Sencillamente, hágalo.

III. Conclusión

A. *Al aumentar la fe mengua el temor*
B. *Trazar buenos planes da resultados*
C. *La obediencia en el testimonio nos da paz*

UNA DISPERSIÓN SANTIFICADA

Hechos 8:4

I. Introducción
   A. *Palabras para adoración y testimonio*
      1. Congregados para adorar.
      2. Esparcidos para evangelizar.
   B. *Su presencia manifiesta que valora la adoración*
      1. Vamos al templo para cantar, orar, alabar, aprender, etc.
      2. ¿Qué hará cuando sale y se dispersa?
      3. Dios valora su adoración y testimonio.
   C. *Los primeros cristianos fueron esparcidos por la persecución*

II. Cuerpo
   A. *Cuando se vieron esparcidos no agonizaron*
      1. Podían haberse quejado acerca de muchas cosas:
        a. Crees y aparecen las dificultades.
        b. Das generosamente y te conviertes en un pobre.
        c. Das amor y recibes odio.
        d. Los dirigentes eran encarcelados y martirizados.
      2. Pero ellos continuaron alabando en la adversidad.
        a. El mundo estaba sorprendido de su comportamiento.
        b. Su enemigo (Saulo) se había unido a ellos.
   B. *Cuando fueron esparcidos no criticaron*
      1. Podían haber culpado a sus líderes.
        a. "Si no hubieran sido tan dogmáticos".
        b. "Si no hubieran enojado al pueblo".
        c. "Si hubieran sido más diplomáticos".
      2. Las críticas paralizan a las iglesias hoy.
        a. Críticas de los líderes.
        b. Críticas de unos sobre otros.
      3. El negativismo roba poder a los creyentes.
   C. *Cuando fueron esparcidos no se dedicaron a politizar*
      1. La iglesia primitiva no tenía una agenda política.
        a. Su meta era predicar el evangelio.
        b. Cambiaron el mundo transformando a las personas una a una.
      2. La iglesia primitiva no tenía poder político.
        a. No hay evidencias de que lo desearan.
        b. No hubo manifestaciones públicas en las ciudades.
        c. No rebeliones en contra del gobierno o dirigentes.
      3. Es peligroso cuando las iglesias escogen un mensaje político.
        a. Históricamente eso ha sido un desastre.

       b. Cambia un mensaje eterno por otro temporal.

       c. Los errores políticos se reflejan sobre la iglesia.

    4. "Dad, pues, a César lo que es de César" (Mt. 22:21).

    5. "Mi reino no es de este mundo" (Jn. 18:36).

  D. Cuando fueron esparcidos se dedicaron a evangelizar

    1. "Iban por todas partes anunciando el evangelio".

    2. Hay personas perdidas en todas partes a donde vayamos (Ro. 3:23).

    3. Las personas necesitan a Cristo en todo lugar donde vayamos (Hch. 4:12).

    4. Llamados a evangelizar en todo lugar donde vayamos (Hch. 1:8).

III. Conclusión

  A. ¿Qué haremos cuando salimos del templo y nos esparcimos?

    1. ¿Agonizar? ¿Criticar? ¿Politizar?

    2. Vamos a evangelizar.

  B. ¿Cuántos serán alcanzados para Cristo en esta semana?

TRESCIENTOS HÉROES

Jueces 6—7

I. Introducción

A. *Madián se convirtió en opresor de Israel (Jue. 6:1-6)*

   1. Dios permitió que su pueblo fuera oprimido temporalmente.

   2. Siete años de disciplina por sus pecados (Jue. 6:1).

     a. Se escondieron en las montañas y en cuevas.

     b. Sus cosechas eran arrasadas.

B. *La elección y la comisión de Gedeón (Jueces 6:7-40)*

   1. Un ángel se le apareció a Gedeón (v. 12).

     a. La sorpresa y las dudas de Gedeón (vv. 12-15).

     b. Gedeón pide señales (vv. 17-40).

   2. Gedeón se prepara para dirigir un pequeño ejército de héroes.

C. *¿Por qué escogió Dios a los trescientos héroes de Gedeón?*

II. Cuerpo

A. *Eran hombres valientes (7:3)*

   1. "Quien tema y se estremezca".

     a. El temor es lo opuesto de la fe.

     b. El valor y la fe son amigos.

   2. El valor y la fe en la vida de Josué.

     a. "Esfuérzate y sé valiente" (Jos. 1:6, 7).

     b. "Te mando que te esfuerces y seas valiente" (Jos. 1:9).

   3. El llamamiento del salmista a tener valor (Sal. 27:14).

   4. El valor de Pablo en las pruebas (Hch. 28:15).

   5. Valor en la vida cristiana.

     a. Se requiere valor para enfrentarse al tentador.

     b. Se necesita valor para dar testimonio.

     c. Hay que tener valor para hacer lo recto.

     d. Se necesita valor para estar solo en una decisión.

   6. Cristo es el ejemplo supremo de valor.

   7. Estos hombres se quedaron cuando 22.000 tuvieron temor.

B. *Fueron cuidadosos (7:6, 7)*

   1. Una prueba insólita para ser parte del ejército de Gedeón.

     a. Escogieron a los que lamieron el agua como los perros.

     b. Rechazaron a los que se inclinaron para beber.

   2. La mayoría (9.700) metió el rostro en el agua.

     a. Estaban más preocupados por beber que por vigilar.

     b. Calmar su sed era más importante que la victoria.

   3. Trescientos levantaron el agua con la mano.

     a. Bebieron lamiendo el agua y vigilaban al mismo tiempo.

     b. Vigilar era para ellos más importante que beber.

    4. Los buenos soldados son cuidadosos.
      a. Estamos metidos en una guerra de vida o muerte.
      b. Nuestro enemigo es astuto y fuerte.
  C. *Eran hombres dedicados (vv. 8-22)*
    1. Estaban comprometidos con Gedeón.
      a. Se quedaron con él cuando otros se marcharon.
      b. No tenga temor de ser parte de una minoría.
    2. Estaban comprometidos con Dios.
      a. Aceptaron sus armas tan extrañas.
      b. Esperaban vencer con trompetas, cántaros y teas
        encendidas.

III. Conclusión

  A. *Vance Havner comentó sobre Gedeón y sus 300: "Todo avivamiento comienza con una banda de creyentes como los de Gedeón, un grupo de creyentes dispuestos, es la iglesia dentro de la iglesia".*
  B. *Se necesitan soldados cristianos valientes, cuidadosos y dedicados.*

EL HOMBRE QUE CAMINÓ CON DIOS

Génesis 5:24

I. Introducción

A. *Un paseo por el cementerio*
1. Este es un capítulo sobre la vida y la muerte.
2. Una joya entre las genealogías.
   a. Adán y Eva tuvieron hijos e hijas.
   b. Matusalén: el hombre que vivió más años.
   c. El nacimiento de Noé.
   d. Enoc: el hombre que no murió.

B. *Aprendamos más acerca de este hombre poco común*

II. Cuerpo

A. *Enoc caminó con Dios*
1. ¿Cuándo empezó este caminar?
2. ¿Qué factores le llevaron a la fe?
   a. ¿Sus observaciones sobre la muerte?
   b. ¿Sus observaciones sobre la naturaleza?
   c. ¿La revelación que le llegó desde Adán?
      (1) Las cosas que Adán aprendió en el huerto del Edén.
      (2) El testimonio recibido de Abel (He. 11:4).
   d. ¿Cuándo llegó a ser padre (v. 22)?
3. Dios se revela a sí mismo a los que anhelan caminar con Él.

B. *Enoc no murió (He. 11:4)*
1. La frase que se repite en Génesis 5: "y murió".
2. Enoc fue traspuesto: no murió.
3. Es una luz en un capítulo oscuro.
4. Vida en un capítulo de muerte.
5. Enoc representa a la iglesia en el arrebatamiento.
   a. "No todos dormiremos" (1 Co. 15:51).
   b. "Nosotros que vivimos, que habremos quedado" (1 Ts. 4:15).
   c. Puede que nunca muramos.

C. *Enoc fue un profeta (Jud. 14, 15)*
1. Profetizó que Cristo vendría.
2. Es una descripción clara del regreso de Cristo.
   a. Cristo viene con sus santos (Ap. 19, 20).
   b. Viene para establecer su reino.
   c. Viene a juzgar.
3. Enoc sabía que el pecado no compensa (v. 15), por eso.
   a. Predicó en contra de las obras de los impíos.
   b. Predicó en contra de las palabras impías.

III. Conclusión

    A. *El papel de Enoc en el futuro*

        1. Quizá sea uno de los testigos de Ap. 11.

        2. Su mensaje será el mismo (Jud. 14, 15).

        3. Puede regresar para profetizar y morir (He. 9:27).

        4. Traspuesto para ser un profeta en la tribulación.

    B. *¿Ha empezado usted el camino de la fe?*

    C. *Los que caminan con Dios aquí abajo también caminarán con Él allá arriba*

DE REGRESO A BET-EL

Génesis 35:1-3

I. Introducción
A. *Jacob y sus problemas*
1. Hijo de Isaac, un patriarca de Israel.
2. Engañó a Esaú y a su propio padre (Gn. 25-27).
3. Huyó a Canaán para escapar de Esaú.

B. *Jacob en Bet-el (Gn. 28:10-22)*
1. En su camino hacia a Padan-aram, Dios salió a su encuentro.
2. La escalera del cielo.
3. Jacob le puso al lugar el nombre de Bet-el (casa de Dios).

C. *De regreso a Bet-el*

II. Cuerpo
A. *Dios le pide a Jacob que regrese a Bet-el (v. 1)*
1. Este es un llamamiento de Dios.
2. Dios llama a los que andan vagando para que regresen.
   a. Nos llama al lugar de dedicación.
   b. Nos llama a que regresemos a Él.
3. Jacob en Bet-el la primera vez (Gn. 28:10-22).
   a. Había parado allí para descansar.
   b. Oyó que Dios le hablaba.
   c. El cielo y la tierra se unieron.
   d. Las promesas de Dios se hacen realidad.
   e. Dios le prometió estar con él.
   f. Él le hizo votos a Dios.
4. Dios nos llama para que regresemos al lugar de compromiso con Él.

B. *La convicción que le llevó a Jacob a regresar a Bet-el (v. 2)*
1. La convicción nos lleva a la acción.
   a. "Quitad los dioses ajenos (extraños)".
   b. "Limpiaos".
   c. "Mudad vuestros vestidos".
2. Cosas ajenas (extrañas) en la vida de los creyentes.
   a. Planes extraños.
   b. Actitudes extrañas.
   c. Palabras extrañas.
   d. Metas extrañas.
3. ¿Se siente convencido acerca de las cosas extrañas que hay en su vida?

C. *La consagración del corazón de Jacob al regresar a Bet-el*
1. "Levantémonos y subamos"

2. Incluso mejor que la resolución del hijo pródigo.

    a. "Me levantaré e iré" es personal.

    b. "Levantémonos y subamos" es comunitario y público.

3. La consagración le llevó a Jacob a adorar: edificó un altar.

4. La consagración le llevó también a la fidelidad:

    a. Dijo que Dios había respondido a sus oraciones.

    b. Recordó que Dios había estado con él.

III. Conclusión

  A. El efecto del regreso de Jacob a Bet-el

    1. En cuanto a su familia: Abandonaron sus dioses y oro.

    2. En cuanto a su comunidad: sus enemigos le temieron.

  B. *Regrese usted a su Bet-el*

    1. Dios le llama a que regrese a su Bet-el personal.

    2. Su respuesta va a influir en otros a favor de Dios.

ÍNDICE DE TEXTOS BÍBLICOS